LA PÂTISSERIE DE
YANN COUVREUR

LA PÂTISSERIE DE
YANN COUVREUR

Photographies : Laurent Fau
Stylisme : Sarah Vasseghi

SOLAR
EDITIONS

YANN COUVREUR
PÂTISSERIE

PRÉFACE
PAR PIERRE HERMÉ

Je me souviens très bien de ma première rencontre avec Yann Couvreur. C'était à l'hôtel *Prince de Galles* alors qu'il en était le chef pâtissier. Cette rencontre m'apparaît d'autant plus vive qu'elle n'était pas d'ordre physique mais gustative. Des sensations gravées dans ma mémoire du goût, celles d'un vacherin monté minute recouvert d'une subtile couche de meringue, fine comme un palet, dégusté à la fin d'un déjeuner. Une création admirable de précision, tant au niveau des saveurs que des textures. Mais aussi d'une incroyable pureté et modernité. Tout simplement sublime.

En y songeant, dans ce dessert, il est difficile de ne pas voir aujourd'hui les prémices de ses fugues, les desserts montés à la demande, d'une extrême délicatesse, que Yann Couvreur propose aujourd'hui dans ses boutiques. Fragiles, éphémères, celles-ci exigent d'être consommées sur place, sans attendre. C'est très original, très intelligent, inédit dans une boutique de pâtisserie.

Nourri de son parcours dans la restauration, Yann en utilise certains codes et les transpose dans le domaine de la pâtisserie. D'ailleurs, ses boutiques même relèvent moins de la pâtisserie que du café parisien. Tout cela illustre bien sa personnalité, son style. Ce jeune homme trace sa propre route sans regarder chez les autres. Il ne tergiverse pas. Cela se ressent dans toutes ses créations. Si Yann a retenu de la pâtisserie française traditionnelle toute la subtilité de ses codes, la technique, le savoir-faire, il ne doit qu'à lui-même son insatiable curiosité à l'égard des nouvelles façons de mettre en valeur le produit, frais, sans artifice, sans compromis.

Chez lui, le goût est net, tranché. L'esthétique est à son service. J'ai en tête son éclair au chocolat réinterprété dont la silhouette rectangulaire ne tient pas de la fantaisie mais bien de l'émotion juste. Sa démarche est claire et nette, avouée. Il souhaite procurer du plaisir et du bonheur aux gourmands qui entrent dans ses boutiques-cafés. Simplement. Nouveau témoin, ce premier livre de recettes rythmé par chaque moment de la journée, du petit déjeuner jusqu'au dîner en passant par la fringale de la matinée, le déjeuner ou l'heure du goûter. Une suite logique dans son besoin vivace de transmission et de partage. S'y retrouvent toute sa générosité, mêlée à sa vision singulière de la gourmandise. J'aime infiniment son travail. C'est une vision extrêmement personnelle de la pâtisserie qui se distingue de l'existant. Et surtout, c'est infiniment bon, un signe prometteur pour l'avenir.

Florent

IL N'EST PAS FACILE D'ÊTRE CHEF PÂTISSIER...

Marchez trop rapidement à côté d'un soufflé qui sort juste du four et tout est fini. Plutôt que de parsemer du sel ou de finir un plat avec de l'huile d'olive, comme le ferait un cuisinier, en pâtisserie, chaque ingrédient est pesé, chaque température est soigneusement ajustée. Il faut beaucoup de précision et de connaissance scientifique pour être pâtissier.

Mais en même temps, pour faire un dessert vraiment attrayant, il faut embrasser le romantisme et la beauté, et le plaisir insouciant de quelque chose de sucré et décadent. C'est cet équilibre de la science et de l'art qui fait de Yann un exceptionnel pâtissier. Ses créations vous font penser que cela peut être à la fois « trop beau pour être mangé » et « qu'on ne peut résister à les manger ». Il travaille avec des saveurs d'après un certain point de vue qui devient son style et sa signature.

Les pages de ce livre sont remplies de recettes à la fois détaillées et délicieuses à travers lesquelles, je l'espère, Yann inspirera de nombreux futurs pâtissiers et les poussera à ressentir la même passion que celle que nous partageons. Nous savons tous deux que lorsque vous mangez pour apaiser votre faim, vous mangez aussi des desserts qui vous procurent du bonheur.

Dominique Ansel

Le renard est un animal très important à mes yeux, à bien des égards. Il est libre, sauvage, et c'est un rouquin, comme moi ! En fondant mes boutiques, j'ai gagné ma liberté. Je suis désormais maître de mes décisions, c'est un sentiment très agréable. Et puis le renard est gourmand et malin. Espiègle et attendrissant. Beau et élégant, aussi. Sans compter qu'il fait écho à de nombreuses références littéraires – La Fontaine, *Le Petit Prince*, etc. – et que, mes parents étant libraires, les livres occupent une place de choix dans ma vie. J'ai grandi en lisière de forêt et je le croisais chaque soir ou presque quand j'étais gamin. Aujourd'hui, l'avoir choisi pour nous représenter me permet également de me cacher derrière son image, et ainsi d'apparaître le moins possible.

2017 n'est décidément pas une année comme les autres. Alors que je rédige ces lignes, nous célébrons l'ouverture de la deuxième « Yann Couvreur Pâtisserie » de Paris. Un an après l'éclosion de notre toute première boutique dans le Xe arrondissement, non loin de la place de la République, nous voilà donc dans le Marais, avec cette même soif de désacraliser le luxe. De sortir la pâtisserie haut de gamme des palaces, où j'ai longtemps exercé, pour la mettre à la portée de tous.

Et il y a ce projet de livre qui me hante depuis des mois. Il compte énormément à mes yeux. Quand on a des parents libraires, c'est un objet particulier, un livre. Au fil de ces pages, je confie qui je suis. Pourquoi. Comment. Mes recettes. Dix-huit ans de métier. Je suis conscient que mon travail intéresse, interroge. D'où cette envie de le partager dans un ouvrage s'adressant à tous, avec des recettes pour tous les niveaux — pour vous qui débutez, à la maison, mais aussi pour vous qui avez été formé à la pâtisserie et qui êtes sur le point d'ouvrir votre boutique. Vous le constaterez rapidement, certaines sont très simples à réaliser, d'autres requièrent de la technique et du matériel. Mais toutes sont le fruit de mon expérience. Je ne suis certes pas très âgé, mais partager tout cela ne me pose aucun souci, je sais que des idées, j'en aurai d'autres. En revanche, si mon idéologie de la pâtisserie s'avérait source d'inspiration, si grâce à ce livre je pouvais contribuer à ce que la pâtisserie avance, j'en serais fier.

D'autant que pour moi, rien n'était écrit d'avance. Mon parcours est atypique, pour un pâtissier. Je ne fais pas des gâteaux avec ma mère depuis mes cinq ans. Je n'ai même jamais vraiment cuisiné avec elle. Nulle vocation, donc. La passion m'est venue assez tardivement… et par hasard.

Tout a commencé au collège, en 3e, et le moins qu'on puisse dire, c'est que je n'étais pas très sage à cette époque. Soyons francs : je faisais les pires bêtises et j'étais en échec scolaire. En classe, je regardais les mouches voler. Il se trouve que mon père s'entendait bien avec le pâtissier installé en face de sa boutique, M. Michel. Quand il a fallu me trouver un stage d'une semaine, il l'a convaincu de me prendre. J'ai reçu, chez lui, les premiers compliments de ma vie sur mon travail. Mais surtout, j'en ai pris plein les yeux. Plein les sens… Pour la première fois, je suis entré en contact avec la matière. Toucher les produits, les transformer : c'était captivant ! De quoi me canaliser. Si on ne peut pas dire que j'ai eu une « révélation », cette expérience fut décisive pour mon avenir. Car en fin d'année scolaire, au moment de m'orienter, on ne savait où m'envoyer. Comme j'avais fait un stage de pâtisserie, j'ai été dirigé vers un BEP cuisine. C'était clairement une solution de facilité : si le voisin de mon père avait été mécanicien, on m'aurait orienté en mécanique ! J'ai eu de la chance, j'en suis conscient. Mais c'est un état d'esprit aussi, la chance. Je crois en elle et je fonctionne à l'instinct, en positivant. C'est la seule façon d'avancer.

Paul « Renardeau »

Anaïs

Laura

Me voilà, donc, en école de cuisine, à Tecomah. J'ai la chance d'être pris en charge par un enseignant passionnant, Jean-Yves Ferragu. Un homme droit, qui ne se planque jamais, qui affronte les problèmes. Il se met dans des états incroyables quand il cuisine, je suis impressionné. Dans la classe, nous sommes tous des « orientés », des élèves étudiant la cuisine par défaut, et ce n'est gagné d'avance pour personne. Mais au final, grâce à ce monsieur, nous décrochons quasi tous notre diplôme. Pas prêt à me lancer de suite sur le marché du travail, je décide de faire un CAP pâtisserie. Avec l'idée encore, toutefois, à ce moment-là, de devenir cuisinier.

En sortant de l'école, à 19 ans, je postule au *Trianon Palace* de Versailles, où je suis embauché comme cuisinier. Cependant, quand Gérard Vié découvre quel CAP j'ai suivi, je suis envoyé en pâtisserie. Ce devait être mon destin ! Entré commis, j'en sors quatre ans plus tard chef de partie, avec l'envie de découvrir d'autres univers, mais avec la certitude, enfin, que je vais dédier ma vie à la pâtisserie.

J'entreprends alors de postuler dans tous les palaces parisiens, chez tous ces chefs que j'admire. Christophe Michalak, Gilles Marchal, Camille Lesecq, et bien d'autres. Tous me reçoivent ; aucun ne m'embauche. Aujourd'hui, je les connais, et il est très agréable de pouvoir échanger avec ces grands pâtissiers sur une base d'amitié. Pas un, toutefois, ne se souvient de m'avoir rencontré à l'époque ! C'est finalement Alain Dutournier qui me laissera ma chance, dans son restaurant gastronomique *Le Carré des Feuillants*. Un homme d'une grande générosité, que je respecte beaucoup. Il m'émeut. Sa cuisine, d'auteur, axée sur le goût, sur l'essentiel, transpire qui il est. D'où il vient. À ses côtés, je comprends ce que c'est, avoir des origines, un terroir. Je connais ici mes premières émotions professionnelles. Disposer des assiettes et les voir partir en salle me procure des sensations inouïes. Bien sûr, je suis toujours dans l'apprentissage, ma mission consiste à reproduire les recettes, très personnelles, mises au point par le chef, je ne me sens pas encore capable de créer moi-même. C'est aussi dans les cuisines du *Carré des Feuillants* que je fais la connaissance de mes amis — Thibault Sombardier (restaurant *Antoine*) et Paolo Boscaro. Dix ans plus tard, ce sont tous de grands chefs et nous sommes toujours de vrais potes, nous échangeons énormément.

Ma rencontre suivante sera tout aussi cruciale. Je rejoins Jean-François Foucher au restaurant du *Park Hyatt*, le palace parisien. Ce pâtissier a une vraie identité, avant-gardiste. Une façon différente d'appréhender les produits, les parfums, les associations. Une approche ultra-sensorielle. Il a tout compris : il n'élabore pas simplement des desserts, il fait vivre des expériences aux clients. J'avais envie de comprendre comment il y parvenait... Le niveau est élevé, je dois m'accrocher. Mais je suis un bosseur. J'ai eu à la maison l'exemple de mes parents qui travaillaient beaucoup et qui m'ont transmis les valeurs du travail, du courage. Jean-François était à la fois dur, juste et aimant. Pendant deux ans, je suis son sous-chef. Jusqu'au jour où il me dit que je suis prêt à passer, moi-même, chef... Il m'apprend dans la foulée qu'une place se libère à l'*Eden Rock*, à Saint-Barthélemy, dans les Antilles. C'est avec son aide que je réalise, là-bas, ma première carte de chef.

Les Charlotte, Matthieu et mo

Mes créations ne sont cependant pas abouties à cette période. J'ai la technique, mais pas encore ma signature. Il me manque encore une certaine consistance. Je n'en suis pas forcément conscient, je me vois un peu trop beau. À mon retour à Paris, un an plus tard, embauché comme chef pâtissier à *La Table du Lancaster*, je vais me prendre une très grosse claque. Je me souviendrai toujours de ce jeudi où Michel Troisgros me lance « Mardi, je voudrais goûter ta nouvelle carte ». Je réponds « oui, chef ! », forcément. J'ai envie de tout donner. Le mardi, j'arrive fier comme un paon avec mes créations. Je lis toutefois immédiatement la déception dans son regard. C'est un homme qui exprime beaucoup de choses avec ses yeux. Il retire tout ce qui ne sert à rien sur mes desserts, les décorations, et ceux-ci ne ressemblent plus à rien... Lui axe l'intégralité de son travail sur les émotions ; je comprends que je suis passé à côté. Je suis licencié. Débute alors une longue période de doute, de dépression. Six mois durant, je joue à la console, je dors, je suis un légume. J'avais tout donné. Ce revers est très difficile à surmonter.

Je décide de repartir à Saint-Barth pour la saison d'été. J'officie dans un boui-boui de 3 m^2 en face de l'aéroport. Je vois mon sous-chef devenu chef à l'*Eden Rock*... Tout cela est douloureux, vous l'imaginez, mais à ce moment-là, je comprends ce qui n'a pas fonctionné, je refais mes armes, doucement. Le déclic se produira autour d'une tarte au citron et d'une nouvelle belle rencontre. Un jour, le chef Akrame Benallal, en voyage à Saint-Barth, goûte ma tarte au citron, au comptoir où je travaille. Il la trouve incroyable, on fait connaissance, on prend un café ensemble, on se retrouve le soir même pour discuter. Il me convainc : je ne peux pas rester là plus longtemps.

Quand je rentre à Paris, pour devenir le chef pâtissier du *Burgundy*, je sais, cette fois, où je vais et où va ma pâtisserie. Pour me seconder, je rappelle Guillaume Bousquet, mon ancien apprenti du *Trianon*, en qui j'ai toute confiance. Ensemble, en un an, nous allons hisser la pâtisserie du *Burgundy* à un meilleur niveau. Mes viennoiseries, celles que vous pouvez déguster aujourd'hui dans mes boutiques parisiennes, datent de cette époque.

C'est alors que la chef Stéphanie Le Quellec me propose de la rejoindre au *Prince de Galles*. Sa ligne directrice me séduit : avec elle, c'est l'école du goût, de l'émotion, de la cohérence, de l'harmonie dans le plat. Elle m'encourage à aller dans ce sens. Nous travaillons dans des conditions idéales, avec des moyens, un équipement rêvé, un laboratoire géant, une belle et grande équipe. Guillaume m'a suivi, nous rejoint Nicolas Paciello, qui me succèdera ensuite au *Prince de Galles*. Nous créons à tout-va et nos desserts sont rapidement remarqués. Notre fameux millefeuille, notamment.

Je vais rester environ deux ans et demi au *Prince de Galles*. Le temps y passe très vite, mais je sens tout de même très rapidement qu'il va falloir que je parte. Que je fonde ma pâtisserie. Je ne pense pas que l'on puisse poursuivre une carrière de chef pâtissier créatif en palace au-delà d'un certain âge, je vois les jeunes arriver chaque année, ils sont ambitieux, il me faut prendre les devants avant qu'on ne veuille plus de moi ! Je me dis, aussi, que plus je suis jeune, plus je peux m'endetter pour me lancer. Et puis, je suis épris de liberté. Mais surtout, j'ai l'envie furieuse de permettre à un large public de profiter de la pâtisserie haut de gamme trop souvent réservée à la clientèle des restaurants étoilés.

Pierre

Timothée

Je me décide début 2015. Matthieu Lobry et Charlotte Collet, deux anciens membres de mon équipe au *Prince de Galles*, qui forment un duo fabuleux, décident de participer à l'aventure. Ces deux-là ont pris un énorme risque en renonçant au confort du palace. Ils ont participé à toutes les étapes de la fondation de mon entreprise. Aujourd'hui, ils organisent la production, le planning, le quotidien — c'est un sacré paquebot à gérer, cette entreprise. Je dois avouer que sans eux, cela aurait été une autre histoire ! Ils sont la base de mon projet. Ce qu'ils ont donné, je ne pourrai jamais leur rendre et je leur en suis très reconnaissant.

Je quitte, donc, le *Prince de Galles* en juillet 2015. Nous trouvons notre atelier en septembre, et la boutique deux mois plus tard. L'atelier — imaginez une lumineuse auberge avec plein de fenêtres et un grand escalier au cœur du bois de Vincennes —, est un véritable havre de paix. Nous y travaillons en toute sérénité, dans un calme étourdissant. J'essaie d'y passer un maximum de temps. On s'y sent comme en famille, on y mange tous ensemble, dehors le plus souvent possible. C'est notre cocon. Quant aux locaux de la première boutique, nous les dénichons face au métro Goncourt. Cet angle est fabuleux, lumineux.
Je connais bien ce quartier très populaire, à deux pas du canal Saint-Martin, j'y ai vécu quelques années auparavant. Aujourd'hui, la mayonnaise a pris, nous avons tissé de vrais liens avec nos clients, c'est ce qui m'intéressait dans l'aventure. Dans ce lieu que j'ai souhaité simple, convivial, surtout pas guindé, nous offrons depuis plus d'un an une pâtisserie qui bénéficie du maximum d'attention, comme dans les palaces. C'est vrai, ma pâtisserie a évolué. Mes coups d'audace se doivent plus limités. Dans les palaces, vous avez affaire à un public très épicurien, qui ose. Avec plusieurs centaines de clients dans mes boutiques chaque jour, je m'adresse au contraire aujourd'hui à un large public, qui cherche une pâtisserie confortable, qui rassure. Mais le niveau d'exigence est élevé, ils nous le font savoir quotidiennement.

Notre seconde boutique, dans le Marais, vit davantage le soir que le matin, c'est le quartier qui veut ça. Nous y avons mis l'accent sur l'offre d'assiettes minute grâce au système de labo que nous avons développé. Il s'agit de deux fenêtres qui donnent sur la rue, une pour commander le dessert, l'autre pour le retirer un fois élaboré. Un peu comme un drive. C'est un concept fort, personne ne fait cela.

Pour moi, ouvrir mes pâtisseries est l'aboutissement d'une carrière. C'est loin d'être facile, j'ai dû mettre ma vie personnelle entre parenthèses, mes journées sont surchargées, mais c'est très excitant. Je suis fier de ce que nous avons accompli, mais je vois surtout la longue route qu'il nous reste à parcourir. Parce que j'ai une multitude de projets en tête !

Yann

8 HEURES L'HEURE DU RÉVEIL

Un roulé feuilleté pistache-chocolat ou une brioche au mètre, avec un jus pressé maison et un délicieux café brésilien. La presse du jour. Un sourire. Le bal des pâtissiers qui peaufinent les gâteaux du midi derrière le comptoir. Une playlist bien sentie, punchy, élaborée avec des morceaux qui me sont chers. Quoi de mieux pour bien entamer la journée? Le petit-déjeuner est un moment que j'affectionne, ça me rappelle mes années dans les hôtels et nous le choyons. Charlotte Collet, ma chef-adjointe, a fait un travail impressionnant sur les viennoiseries, pour adapter nos recettes à nos boutiques. Le résultat est là: nos boulangeries font déjà partie du quotidien des habitants du quartier, nous les aidons à démarrer de bon pied!

ROULÉS ET VIENNOISERIE AU MÈTRE

Pour 10 roulés à garnir au choix)

La pâte à croissants :

8 cl de lait entier
10 g de levure de boulanger
11 cl d'eau
52 g de poudre de lait à 26 %
8 g de fleur de sel
60 g de sucre semoule
30 g de beurre
410 g de farine
280 g de beurre

La crème de noisette :

50 g de beurre
30 g de sucre semoule
50 g de poudre de noisettes
50 g de pâte de noisettes
½ œuf battu
1 cl de Frangelico (liqueur de noisette)

La garniture des roulés noisette :

50 g de noisettes

La crème de pistache-chocolat :

50 g de beurre
30 g de sucre semoule
50 g de poudre de pistaches
50 g de pâte de pistaches
½ œuf battu
1 cl de rhum

La garniture des roulés pistache-chocolat :

50 g de pistaches
50 g de brisures de chocolat

La crème de coco :

65 g de beurre
40 g de sucre semoule
65 g de poudre de noixde coco
½ œuf battu
1 cl de Malibu

La garniture des roulés coco :

50 g de noix de coco
50 g de chocolat au lait

La crème d'amandes :

50 g de beurre
30 g de sucre semoule
50 g de pâte d'amandes
50 g de poudre d'amandes
½ œuf battu
1 cl de rhum brun

La garniture des roulés praline rose :

50 g d'amandes
50 g de pralines roses

PRÉPARATION DE LA DÉTREMPE

• La veille, faire chauffer le lait à 30 °C, l'ajouter à la levure et mélanger pour bien diluer celle-ci. Mélanger ce liquide avec l'eau, et verser le tout dans la cuve d'un robot à pâtisserie muni du crochet. Ajouter la poudre de lait, la fleur de sel, le sucre, le beurre mou et la farine tamisée. Pétrir pendant 14 minutes jusqu'à l'obtention d'une pâte homogène. La déposer sur une plaque en Inox, entre 2 feuilles de papier guitare ou de papier cuisson, et laisser pousser pendant 1 heure à température ambiante puis pendant au moins 4 heures au frais.

• Dégazer ensuite la pâte, c'est-à-dire la taper énergiquement avec la paume de la main de façon à en chasser les bulles l'air, former une boule et réserver pendant 12 heures au frais.

RÉALISATION DES CRÈMES

• Le jour même, mettre le beurre et le sucre semoule dans la cuve du batteur muni de la feuille. Fouetter jusqu'à l'obtention d'une pommade. Ajouter l'œuf, puis, selon la crème à réaliser, la pâte et la poudre de noisettes, de pistaches, de noix de coco ou d'amandes, et la farine. Terminer par l'alcool.

CONFECTION DES ROULÉS

• Étaler la pâte en un rectangle de 40 cm sur 15 cm et donner un tour simple, c'est-à-dire étaler le beurre entre 2 feuilles de papier cuisson, en un rectangle de 26 cm sur 15 cm, le déposer sur la pâte à 7 cm du bord supérieur avant de rabattre dessus le haut et le bas de la pâte.

• Réserver pendant 1 heure au réfrigérateur et donner le deuxième tour simple.

• Réserver pendant 1 heure au réfrigérateur et donner le troisième et dernier tour simple.

• Réserver pendant encore 1 heure au frais avant de passer au façonnage.

• Étaler la pâte à croissants à 2,5 mm d'épaisseur, puis y détailler un rectangle d'environ 60 cm de longueur sur 40 cm de largeur.

• Étaler dessus la crème de noisette, de pistache, de coco ou d'amande, puis ajouter la garniture correspondante. Rouler l'ensemble et réserver pendant 1 heure au congélateur.

CUISSON DES ROULÉS

• Pour obtenir des roulés, tailler le rouleau en rondelles de 3,5 cm d'épaisseur. Les mettre dans des cercles de 8 cm de diamètre et laisser pousser pendant 2 heures à température ambiante (maximum 28 °C).

• Préchauffer le four à 180 °C. Poser les roulés sur une plaque à pâtisserie tapissée de papier cuisson, enfourner et faire cuire pendant 15 minutes. Sortir les roulés du four, les mettre sur une grille et parsemer le dessus de brisures de fruits secs (noisettes, pistaches et chocolat ; coco et chocolat et pralines roses).

CUISSON ET FINITION DE LA VIENNOISERIE AU MÈTRE

• Pour obtenir une viennoiserie au mètre, tailler le rouleau en rondelles de 3 cm d'épaisseur. Les mettre dans un moule rectangulaire de 55 cm de longueur et 11 cm de largeur en alternant les parfums. Laisser pousser pendant 2 heures à température ambiante (maximum 28 °C).

• Préchauffer le four à 180 °C. Enfourner le moule et faire cuire pendant 25 minutes. Sortir du four, démouler la viennoiserie encore tiède sur une grille et la décorer d'éclats de fruits secs (noisettes, pistaches et chocolat ; coco et chocolat et pralines roses).

KOUIGN-AMANN AU BLÉ NOIR

Pour 10 kouign-amann

La pâte à kouign-amann :

330 g de farine T45
110 g de farine de sarrasin
13 g de fleur de sel
22 cl d'eau
16 g de beurre mou
8 g de levure de boulanger
233 g de sucre semoule
334 g de sucre muscovado
66 g de beurre

RÉALISATION DE LA PÂTE

• Réunir dans la cuve d'un batteur muni du crochet les deux farines tamisées, la fleur de sel, la levure, le beurre mou et l'eau. Mélanger pendant 6 minutes à vitesse lente. Retirer la pâte, la déposer sur une plaque et lui donner une forme carrée. La mettre pendant 30 minutes au congélateur avant de la laisser reposer pendant 1 heure au réfrigérateur.

• Mixer le sucre avec le sucre muscovado pour bien les lier.

• Sortir la pâte et donner 2 tours simples, c'est-à-dire l'étaler en rectangle puis poser dessus, aux deux tiers de la hauteur, le beurre préalablement étalé entre 2 feuilles de papier cuisson et rabattre la pâte de part et d'autre. Puis replier 3 fois la pâte sur elle-même, en la laissant 1 heure au réfrigérateur entre chaque tour. Donner de nouveau 2 tours simples, en incorporant cette fois le mélange de sucres (en réserver un peu).

CONFECTION ET CUISSON DES KOUIGN-AMANN

• Sur le plan de travail, étaler la pâte sur 1 cm d'épaisseur. Parsemer le dessus du reste de sucres mélangés, puis la détailler en 10 carrés de 12 cm de côté.

• Façonner chaque carré en rond. Mettre les disques de pâte dans des cercles de 8 cm de diamètre sur une plaque de cuisson graissée et sucrée. Laisser pousser pendant 2 heures à température ambiante (maximum 28 °C).

• Préchauffer le four à 180 °C.

• Lorsque les kouign-amann ont levé, les enfourner et faire cuire pendant 20 minutes. Laisser juste tiédir avant de les démouler sur une grille.

Nous l'avons « parisiannisé », adapté à notre clientèle. Résultat : notre kouign-amann n'est pas lourd. Moins gras, moins sucré. Au blé noir, léger, aérien, croustillant. Auparavant, je le roulais, aujourd'hui je le plie. Avec Charlotte, ma chef adjointe, on l'a peaufiné pour le rendre encore plus croustillant qu'il ne l'était. Ce kouign amann constitue une véritable prouesse technique : pour le réaliser, il faut comprendre l'action de la levure et des températures, l'équation est compliquée. La levure a besoin de froid pour ne pas se développer, mais la pâte rend de l'eau avec le froid. Et le sucre n'aime pas l'humidité... Il ne faut pas que le beurre soit trop dur mais il ne doit pas être, non plus, à température ambiante. Il faut vraiment rentrer dans les logiques des produits utilisés, ce ne sont que des paradoxes. Concentrez-vous, entraînez-vous, et ne baissez pas les bras : il n'est pas évident de le réussir dès le premier essai.

CROISSANTS ET PAINS AU CHOCOLAT

Pour 10 croissants ou pains au chocolat

La pâte à croissants :

8 cl de lait entier
10 g de levure de boulanger
11 cl d'eau
52 g de poudre de lait à 26 %
8 g de fleur de sel
60 g de sucre semoule
30 g de beurre mou
410 g de farine
280 g de beurre
20 bâtons de chocolat

La dorure :

1 jaune d'œuf

PRÉPARATION DE LA DÉTREMPE

• La veille, faire chauffer le lait à 30 °C, l'ajouter à la levure et mélanger pour bien diluer celle-ci. Mélanger ce liquide avec l'eau, et verser le tout dans la cuve d'un robot à pâtisserie muni du crochet. Ajouter la poudre de lait, la fleur de sel, le sucre, le beurre mou et la farine tamisée. Pétrir pendant 14 minutes jusqu'à l'obtention d'une pâte homogène. La déposer sur une plaque en Inox, entre 2 feuilles de papier guitare ou de papier cuisson, et laisser pousser pendant 1 heure à température ambiante et au moins 4 heures au frais.

• Dégazer ensuite la pâte, c'est-à-dire la taper énergiquement avec la paume de la main de façon à en chasser les bulles l'air, former une boule et réserver pendant 12 heures au frais.

RÉALISATION DE LA PÂTE À CROISSANTS

• Le jour même, étaler la pâte en un rectangle de 40 cm sur 15 cm et donner un tour simple, c'est-à-dire étaler le beurre entre 2 feuilles de papier cuisson, en un rectangle de 26 cm sur 15 cm, le déposer sur la pâte à 7 cm du bord supérieur avant de rabattre dessus le haut et le bas de la pâte.

• Réserver pendant 1 heure au réfrigérateur et donner le deuxième tour simple.

• Réserver pendant 1 heure au réfrigérateur et donner le troisième et dernier tour simple.

• Réserver pendant encore 1 heure au frais avant de passer au façonnage.

PLIER LE PAIN AU CHOCOLAT

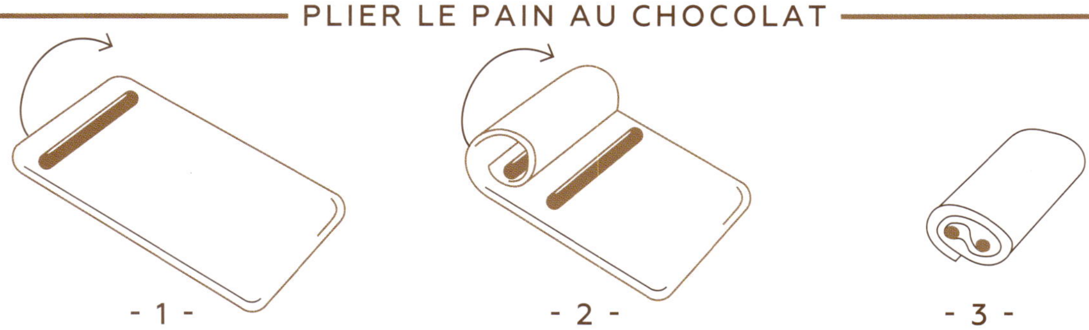

- 1 -
Poser un premier bâton de chocolat sur le haut du rectangle et plier.

- 2 -
Mettre un second bâton et rabattre à nouveau.

- 3 -
Laisser pousser pendant 2 heures.

CONFECTION DES CROISSANTS ET PAINS AU CHOCOLAT

• Étaler la pâte à croissants sur 2,5 mm d'épaisseur.

• Pour réaliser des croissants, détailler dans la pâte des triangles de 6 cm sur 20 cm, puis les rouler.

• Pour réaliser des pains au chocolat, détailler dans la pâte des rectangles de 8 cm sur 17 cm. Poser un premier bâton de chocolat sur le haut du rectangle et plier le tout vers le centre, puis mettre un second bâton de chocolat et refermer en rabattant la pâte dessus (voir astuce illustrée ci-contre).

CUISSON DES CROISSANTS ET PAINS AU CHOCOLAT

• Laisser pousser pendant 2 heures à température ambiante (maximum 28 °C).

• Préchauffer le four à 180 °C.

• À l'aide d'un pinceau, dorer les croissants et les pains au chocolat au jaune d'œuf battu. Enfourner et faire cuire pendant 13 minutes. Sortir du four et laisser refroidir sur une grille.

BRIOCHE AU MÈTRE

Pour 1 brioche

La pâte à brioche :

27,5 cl de lait entier
55 g de levure de boulanger
260 g de farine T55
1,100 kg de farine T45
250 g de sucre semoule
48 g de sel
330 g de crème fraîche
4 gros œufs battus
340 g de beurre
3,3 cl d'eau de fleur d'oranger
3,3 cl de rhum

La finition :

1 œuf
100 g de sucre grains

La finition :

1 œuf
100 g de sucre en grains

CONFECTION DE LA PÂTE À BRIOCHE

• La veille, réunir dans la cuve d'un robot muni du crochet les deux farines, le sucre, le sel, la crème fraîche et la levure délayée dans le lait. Mélanger et laisser pousser pendant 30 minutes à température ambiante (maximum 28 °C).

• Pétrir à petite vitesse, puis ajouter progressivement les œufs. Augmenter la vitesse du robot et laisser tourner jusqu'à ce que la pâte forme une boule et se décolle des parois de la cuve. Ajouter le beurre froid coupé en dés et pétrir à vitesse moyenne pendant environ 10 minutes. Parfumer avec le rhum et la fleur d'oranger et pétrir encore jusqu'à l'obtention d'une boule homogène et élastique.

• Mettre la boule de pâte dans un cul-de-poule légèrement fariné, couvrir d'un linge humide et laisser lever 1 heure à température ambiante. Appuyer sur la pâte avec la paume de la main de façon à en chasser l'air. Former une boule, filmer au contact et réserver pendant 24 heures au frais.

RÉALISATION ET CUISSON DE LA BRIOCHE

• Le jour même, appuyer sur la pâte avec la paume de la main de façon à en chasser l'air. La détailler ensuite en boules de 800 g (1) (voir astuce illustrée ci-dessous) et faire 3 boudins de 80 cm de longueur (2 et 3). Tresser les boudins ensemble, les déposer sur une plaque à pâtisserie tapissée de papier cuisson et laisser lever pendant 2 heures à 28 °C.

• Préchauffer le four à 170 °C.

• À l'aide d'un pinceau trempé dans l'œuf battu, dorer la tresse de brioche, puis parsemer le dessus de grains de sucre (4). Enfourner et faire cuire pendant 30 minutes.

LA TRESSE

- 1 -
Détailler la pâte en boules de 800 g et former 3 boudins.

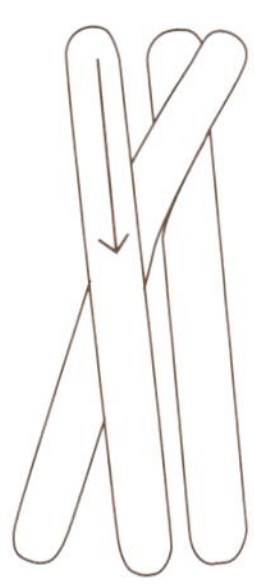

- 2 -
Tresser les boudins…

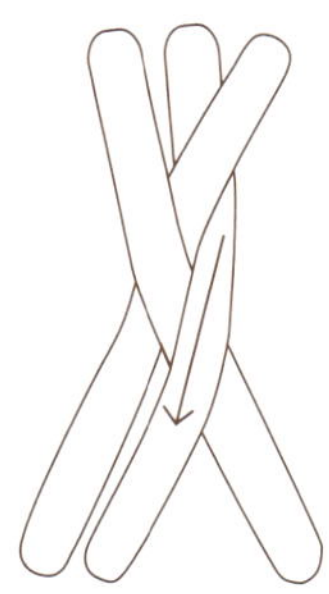

- 3 -
…en croisant les boudins de gauche puis de droite sur celui du centre.

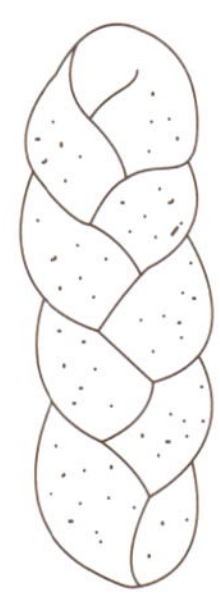

- 4 -
Dorer la tresse puis parsemer de grains de sucre.

CHAUSSONS POMMES-RHUBARBE

Pour 10 chaussons

Le feuilletage inversé au sarrasin :

160 g de beurre
70 g de farine

La détrempe :

6 cl d'eau
1 goutte de vinaigre
8 g de fleur de sel
50 g de beurre
120 g de farine
40 g de farine de sarrasin

La compote pommes-rhubarbe :

500 g de pommes
250 g de rhubarbe
75 g de sucre semoule
2 g de cannelle en poudre

La dorure :

1 jaune d'œuf

PRÉPARATION DU BEURRE MANIÉ ET DE LA DÉTREMPE

• La veille, mélanger intimement le beurre et la farine du feuilletage, étaler le mélange entre 2 feuilles de papier sulfurisé en un rectangle de 2 cm de hauteur et réserver au réfrigérateur jusqu'à utilisation.

• Réaliser la détrempe également la veille. Dans la cuve d'un batteur muni du crochet, réunir tous les éléments dans l'ordre donné, puis pétrir jusqu'à l'obtention d'une boule. Former un carré et réserver au réfrigérateur pendant 24 heures.

RÉALISATION DU FEUILLETAGE INVERSÉ AU SARRASIN

• Le jour même, étaler le rectangle de beurre-farine en un carré plus grand que la détrempe, afin de pouvoir y mettre celle-ci. Fermer comme une enveloppe et donner un tour simple en portefeuille. Réaliser cette opération 5 fois en laissant reposer pendant 30 minutes au frais entre chaque tour.

RÉALISATION DE LA COMPOTE POMMES-RHUBARBE

• Éplucher les pommes et effiler les tiges de rhubarbe. Les couper en petits morceaux et les mettre dans une casserole avec le sucre et la cannelle. Faire cuire pendant 20 minutes environ. Laisser refroidir et réserver au frais jusqu'à utilisation.

MONTAGE ET CUISSON DES CHAUSSONS

• Étaler le feuilletage sur 3 mm d'épaisseur et détailler des disques de 18 cm de diamètre. Étaler ensuite ces disques de manière à obtenir des ovales. Déposer de la compote au centre et refermer en soudant bien les bords. Retourner les chaussons et les dorer avec le jaune d'œuf battu. Filmer et réserver pendant 30 minutes au réfrigérateur.

• Préchauffer le four à 180 °C.

• Dorer une seconde fois les chaussons, puis avec la pointe d'un couteau, faire de légères entailles, régulièrement, à la surface. Enfourner et faire cuire pendant 18 minutes.

KOUGLOFS À LA FLEUR D'ORANGER

Pour 10 kouglofs

La pâte à kouglof :

350 g de farine T45
40 g de sucre semoule
7 g de sel
10 g de levure de boulanger
4 gros œufs
270 g de beurre
140 g de raisins secs
85 g d'écorces d'orange confite
2,5 cl d'eau
2,5 cl de rhum

Le sirop d'imbibage :

7,5 cl d'eau
180 g de sucre semoule
8 cl d'eau de fleur d'oranger

La finition :

50 g de beurre
100 g d'amandes effilées
300 g de sucre semoule

MACÉRATION DES RAISINS SECS

• La veille, mettre les raisins dans un cul-de-poule avec l'eau, faire tiédir légèrement, ajouter le rhum et laisser gonfler pendant 1 heure.

CONFECTION DE LA PÂTE À KOUGLOF

• La veille, réunir dans la cuve d'un robot à pâtisserie muni du crochet la farine, le sucre, le sel et la levure. Pétrir à petite vitesse, puis ajouter progressivement les œufs. Augmenter la vitesse du robot et laisser tourner jusqu'à ce que la pâte forme une boule et se décolle des parois de la cuve. Ajouter le beurre froid coupé en dés et pétrir à vitesse moyenne jusqu'à l'obtention d'une boule homogène et élastique. Incorporer les écorces d'orange confite coupées en cubes et les raisins ayant macéré dans le rhum.

• Mettre la pâte dans un cul-de-poule légèrement fariné, couvrir d'un linge humide et laisser lever pendant 1 heure à température ambiante.

• Appuyer énergiquement avec la paume de la main de façon à chasser l'air emprisonné dans la pâte. Former une boule, filmer au contact et réserver pendant 24 heures au frais.

CUISSON DES KOUGLOFS

• Le jour même, détailler la pâte à kouglof en 10 pâtons de 80 g. Les mettre dans des moules à kouglof, préalablement beurrés et parsemés d'amandes. Laisser pousser pendant 2 heures à température ambiante (maximum 28 °C).

• Préchauffer le four à 180 °C.

• Quand les kouglofs ont levé, les enfourner et faire cuire pendant 15 minutes. Sortir les kouglofs du four et les laisser refroidir avant de les démouler sur une grille.

RÉALISATION DU SIROP D'IMBIBAGE ET FINITION

• Porter à ébullition l'eau et le sucre, puis ajouter l'eau de fleur d'oranger. Filtrer le sirop et le faire chauffer jusqu'à léger frémissement (60 °C). À l'aide d'une louche, en arroser généreusement et à plusieurs reprises les kouglofs : l'imbibage doit être homogène et bien réparti.

• Verser le sucre semoule dans un plat et y rouler doucement les kouglofs encore tièdes de façon à ce qu'ils soient complètement enrobés.

GRANOLA AU FROMAGE BLANC

Pour 8 verrines

La compote de pommes :

500 g de pommes

2 g de cannelle en poudre

50 g de sucre semoule

Le granola sarrasin :

85 g d'un mélange de flocons de céréales

20 g de flocons de millet

20 g de graines de tournesol

30 g de graines de sarrasin

40 g de flocons de sarrasin

10 cl de sirop de riz

1 g de cannelle en poudre

50 g de raisins secs blonds (golden)

Le fromage blanc :

500 g de fromage blanc à 0 %

RÉALISATION DE LA COMPOTE DE POMMES

• Éplucher et épépiner les pommes, puis les couper en petits morceaux. Les réunir dans une casserole avec le sucre et la cannelle et les faire cuire à feu doux pendant 20 minutes environ. Laisser refroidir et réserver au frais jusqu'à utilisation.

RÉALISATION DU GRANOLA

• Préchauffer le four à 145 °C.

• Mélanger tous les ingrédients dans un cul-de-poule et étaler l'ensemble sur une feuille de papier guitare. Enfourner et faire cuire pendant 30 minutes.

MONTAGE

• Répartir la compote de pommes au fond des verrines, puis le fromage blanc et surmonter le tout de granola croustillant.

CHOUQUETTES À LA FLEUR D'ORANGER

Pour 100 chouquettes

La pâte à choux :
25 cl d'eau
25 cl de lait
125 g de beurre
12,5 cl d'huile de pépins de raisin
10 g de sel
300 g de farine
9 œufs
5 cl d'eau de fleur d'oranger

Le dressage :
Beurre pour la plaque
Sucre semoule pour la plaque

Le décor :
100 g de sucre de grains

RÉALISATION DE LA PÂTE À CHOUX

• Faire chauffer dans une casserole le lait, l'eau, le beurre, l'huile et le sel. Dès que l'ébullition est atteinte, ajouter la farine en une fois. Dessécher pendant 1 minute à feu moyen.

• Mettre la pâte obtenue dans la cuve d'un batteur muni de la feuille et faire tourner pendant 10 minutes à vitesse lente jusqu'à complet refroidissement. Incorporer progressivement la moitié des œufs, puis le reste en 3 fois, ajouter l'eau de fleur d'oranger et pétrir jusqu'à l'obtention d'une pâte lisse.

CUISSON DES CHOUQUETTES

• Préchauffer le four à 180 °C.

• Mettre la pâte à choux dans une poche à douille et déposer des boules de 3 cm de diamètre sur une plaque à pâtisserie beurrée et sucrée. Parsemer le dessus des choux de sucre en grains, enfourner et faire cuire pendant 15 minutes.

BOSTOCKS À LA FLEUR DE SUREAU

Pour 8 bostocks

La pâte à brioche :

570 g de farine T45
60 g de sucre semoule
12 g de sel
15 g de levure de boulanger fraîche
9 œufs
450 g de beurre

La crème d'amandes :

53 g de beurre
53 g de sucre glace
53 g de poudre d'amandes
5 g de poudre à crème
½ œuf
1 cl de rhum

Le sirop de sureau :

1 l d'eau
400 g de sucre semoule
20 g de feuilles de sureau

Le décor :

30 g d'amandes effilées

CONFECTION DU SIROP DE SUREAU

• La veille, porter à ébullition l'eau et le sucre, puis ajouter les feuilles de sureau. Laisser infuser pendant 24 heures au réfrigérateur.

CONFECTION DE LA PÂTE À BRIOCHE

• La veille, réunir dans la cuve d'un robot muni du crochet la farine, le sucre, le sel et la levure. Pétrir à petite vitesse, puis ajouter progressivement les œufs. Augmenter la vitesse du robot et laisser tourner jusqu'à ce que la pâte forme une boule et se décolle des parois de la cuve. Ajouter le beurre froid en dés et pétrir à vitesse moyenne jusqu'à l'obtention d'une boule homogène et élastique. Mettre la boule de pâte dans un cul-de-poule légèrement fariné, couvrir d'un linge humide et laisser lever 1 heure à température ambiante. Appuyer sur la pâte avec la paume de la main de façon à en chasser l'air. Former une boule, filmer au contact et réserver pendant 24 heures au frais.

CONFECTION DE LA CRÈME D'AMANDE

• Le jour même, mettre le beurre et le sucre glace tamisé dans la cuve du batteur muni de la feuille. Fouetter jusqu'à l'obtention d'une pommade. Ajouter progressivement la poudre d'amandes et la poudre à crème, puis l'œuf et enfin le rhum. Filmer et réserver à température ambiante.

CUISSON DES BRIOCHES

• Préchauffer le four à 170 °C.

• Mettre la pâte dans un moule à brioche, chemisé avec du papier sulfurisé, enfourner et faire cuire pendant 30 minutes. Laisser refroidir avant de détailler la brioche en disques de 10 cm de diamètre et 4 cm de hauteur.

MONTAGE ET FINITION

• Préchauffer le four à 170 °C.

• Filtrer le sirop de sureau et, à l'aide d'un pinceau, imbiber les brioches. Étaler la crème d'amande sur le dessus, puis parsemer d'amandes effilées. Enfourner et faire cuire pendant 12 minutes.

SCONES AUX FRAISES CONFITES

Pour 8 scones

L'appareil à scones :
480 g de farine T55
30 g de levure chimique
110 g de sucre semoule
70 g de beurre mou
1,5 œuf
20 cl de lait entier
1 gousse de vanille de Madagascar
12 g de sel

La garniture :
100 g de fraises séchées

RÉALISATION DE L'APPAREIL

• Réunir la farine et la levure tamisées avec le sel et le sucre dans la cuve d'un robot à pâtisserie muni de la feuille. Mélanger, puis ajouter le beurre ramolli et les graines de la gousse de vanille fendue et grattée.

• Dans un cul-de-poule, fouetter l'œuf avec le lait, et verser le tout dans la cuve. Pétrir jusqu'à l'obtention d'une pâte bien lisse et homogène. Incorporer alors les fraises séchées.

CUISSON DES SCONES

• Préchauffer le four à 180 °C.

• Étaler la pâte obtenue sur 3 cm d'épaisseur, puis à l'aide d'un emporte-pièce de 5,5 cm de diamètre, détailler des disques de pâte. Les mettre dans des cercles de 6 cm légèrement graissés et chemisés de papier cuisson, sur un tapis de cuisson en silicone. Enfourner et faire cuire pendant 11 minutes.

10 HEURES LES DESSERTS FACILES

Quand vient le milieu de la matinée, nos desserts en verrine ont la cote ! Îles flottantes au caramel laitier à la fleur de sel, avec leur crème anglaise très riche en vanille, mousse aux deux chocolats, riz au lait banoffee : voilà de quoi satisfaire n'importe quelle fringale de la journée. Vous êtes sur le point de les reproduire à la maison ? Rassurez-vous, ils ne requièrent pas une grande expérience technique. Je les recommande donc aux débutants. Remarquez que, comme nos autres pâtisseries, ces gourmandises sont sucrées « juste » – l'ère où l'on sucrait à outrance pour favoriser la conservation est révolue et les goûts ont changé. Tant mieux, car moins sucrer exhausse les saveurs des produits. À condition, bien sûr, que ceux-ci soient de qualité.

MONT-BLANC

Pour 8 monts-blancs

La chantilly vanille :

20 cl de crème fleurette

20 g de sucre glace

¼ de gousse de vanille de Madagascar

Le parfait marron :

3 jaunes d'œufs

1 œuf

20 cl d'eau

20 g de sucre semoule

50 g de pâte de marrons

50 g de crème de marrons

50 cl de crème fleurette froide

1 blanc d'œuf

20 g de sucre semoule

3 feuilles de gélatine

La meringue franco-suisse :

3 blancs d'œufs

100 g de sucre semoule

100 g de sucre glace

La garniture marron :

50 g de pâte de marrons

50 g de crème de marrons

Le décor :

50 g de brisures de marrons glacés

LA MERINGUE FRANCO-SUISSE

- 1 - Battre les blancs et le sucre sur le bain-marie.

- 2 - Retirer du feu et continuer de battre sur de la glace.

- 3 - Incorporer le sucre glace.

- 4 - Déposer les boules de meringue sur une plaque.

INFUSION DE VANILLE

• La veille, fendre la gousse de vanille en deux, gratter les graines avec la pointe d'un couteau. Les ajouter dans la crème fleurette avec le sucre glace, mélanger. Filmer et laisser infuser pendant 24 heures au frais.

CONFECTION DU PARFAIT MARRON

• Le jour même, mélanger au fouet dans un grand bol l'œuf entier et les jaunes jusqu'à ce que le mélange blanchisse. Dans une casserole, faire chauffer l'eau et 20 g de sucre jusqu'à l'obtention d'un sirop. Lorsqu'il atteint 121 °C, poser la casserole dans un cul-de-poule rempli de glace pour stopper net la cuisson. Puis verser le sirop sur la préparation aux œufs et monter le tout au batteur à vitesse rapide : le mélange doit blanchir et doubler de volume. À l'aide d'une maryse, incorporer délicatement la crème de marrons et la pâte de marrons. Réserver ce sabayon.

• Monter au batteur la crème fleurette froide, réserver.

• Mettre la gélatine à ramollir dans un bol d'eau froide. Battre le blanc d'œuf en neige, puis incorporer 20 g de sucre pour serrer : la meringue ne doit pas être trop ferme.

• Pendant ce temps, faire fondre dans la casserole du sirop encore chaude la gélatine bien essorée, et l'ajouter ainsi que la meringue dans le sabayon marron. Incorporer ensuite la crème montée. Filmer et réserver au réfrigérateur.

CONFECTION DE LA MERINGUE FRANCO-SUISSE (voir astuce illustrée ci-contre)

• Préparer une casserole d'eau frémissante (60 °C maximum) pour le bain-marie.

• Réunir dans un cul-de-poule les blancs d'œufs et le sucre semoule, poser l'ensemble sur le bain-marie et fouetter le tout jusqu'à ce que le sucre soit fondu (1). Retirer alors le cul-de-poule et le déposer dans de la glace (2), en continuant de fouetter jusqu'à ce que la meringue devienne lisse et brillante et tienne parfaitement : elle ne doit pas tomber du récipient si on le retourne. À l'aide d'une maryse, incorporer le sucre glace (3).

• Préchauffer le four à 50 °C.

• À l'aide d'un cornet, déposer des boules de meringue sur une plaque tapissée de papier cuisson. Enfourner, laisser cuire pendant 3 heures et sortir du four. Lorsque les meringues ont refroidi, les briser en morceaux.

RÉALISATION DE LA CHANTILLY VANILLE

• Passer la crème infusée à la vanille au chinois et la battre en chantilly.

MONTAGE ET FINITION

• Mélanger intimement la crème de marrons et la pâte de marrons. En prélever une partie, l'étaler sur du papier guitare avec une douille chemin de fer et laisser durcir pendant 15 minutes au congélateur.

• Au fond de chaque verrine, déposer une couche de garniture marron, ajouter dessus des morceaux de meringue, une couche de parfait marron et recouvrir de chantilly vanille. À l'aide d'un emporte-pièce de 7 cm de diamètre, tailler des disques dans le mélange aux marrons durci. Ajouter un disque dans les verrines et décorer de brisures de marrons glacés.

FLAN À LA VANILLE

Pour 8 personnes

La pâte à foncer :

450 g de farine T55
330 g de beurre
3 cl de lait entier
1 jaune d'œuf
10 g de sucre semoule
8 g de fleur de sel

L'appareil à flan :

40 cl de lait entier
40 cl d'eau
4 œufs
65 g de fécule de maïs
2 gousses de vanille de Madagascar
225 g de sucre semoule

INFUSION DE VANILLE

• La veille, fendre les gousses de vanille en deux, gratter les graines avec la pointe d'un couteau et laisser infuser les gousses et les graines durant une nuit dans le lait.

CONFECTION DE LA PÂTE

• Le jour même, dans la cuve d'un robot à pâtisserie munie du crochet, mélanger tout doucement la farine, le beurre coupé en morceaux, le sucre et le sel. Verser progressivement le lait, puis ajouter le jaune d'œuf. Laisser tourner jusqu'à l'obtention d'une pâte. Former une boule, la filmer et la réserver pendant 1 heure au réfrigérateur.

• Étaler la pâte sur 3 mm d'épaisseur. Graisser légèrement un cercle de 20 cm de diamètre et 5 cm de hauteur, le déposer sur une plaque également graissée. Foncer la pâte dans le moule et réserver l'ensemble au congélateur jusqu'à utilisation.

RÉALISATION DE L'APPAREIL À FLAN

• Réunir dans un cul-de-poule les œufs et le sucre, et fouetter jusqu'à ce que le mélange blanchisse. Ajouter la fécule de maïs tamisée, toujours en fouettant.

• Dans une casserole, porter l'eau et le lait vanillé (sans les gousses) à ébullition, puis, hors du feu, ajouter le mélange aux œufs. Remettre sur le feu et faire épaissir pendant 3 minutes en remuant.

CUISSON DU FLAN

• Préchauffer le four à 170 °C.

• Verser l'appareil à flan sur le fond de tarte froid. Enfourner et laisser cuire pendant 1 heure jusqu'à ce que la surface soit bien dorée.

C'est mon dessert préféré ! J'en vole souvent, discrètement, une part dans le réfrigérateur à la boutique. À n'importe quelle heure, matin comme après-midi, j'en ai toujours envie… Il faut dire que la vanille de Madagascar est mon ingrédient favori. Je l'utilise beaucoup dans mes desserts.

RIZ AU LAIT BANOFFEE

Pour 10 personnes

Le riz au lait :

33 cl de crème fleurette
66 cl de lait entier
2 gousses de vanille de Madagascar
160 g de sucre semoule
250 g de riz à grains ronds
25 cl de crème fleurette

Les bananes flambées au citron vert :

10 bananes
100 g de beurre demi-sel
100 g de sucre semoule
Le jus de 5 citrons verts
5 cl de rhum
Le zeste de 5 citrons verts

Le décor :

20 g de chocolat râpé

INFUSION DE VANILLE

• La veille, fendre les gousses de vanille, retirer les graines avec la pointe d'un couteau et laisser infuser les gousses et les graines durant une nuit dans le lait.

RÉALISATION DES BANANES FLAMBÉES

• Le jour même, éplucher les bananes et les couper en deux.

• Faire chauffer le sucre à sec dans une casserole jusqu'à l'obtention d'un caramel blond. Ajouter le beurre et le jus de citron vert pour décuire, puis les bananes. Bien les enrober de caramel de toutes parts.

• Verser le rhum sur les bananes et flamber. Débarrasser dans un plat, filmer et réserver au frais.

• Une fois les bananes refroidies, les écraser avec une fourchette en laissant des morceaux. Râper le zeste des citrons verts et en parsemer les bananes. Réserver au frais.

RÉALISATION DU RIZ AU LAIT

• Faire cuire le riz pendant 10 minutes à l'eau bouillante. L'égoutter.

• Faire bouillir dans une casserole 33 cl de crème fleurette avec le lait infusé (en retirant les gousses de vanille) et le sucre. Ajouter le riz égoutté, puis laisser cuire pendant 30 minutes à feu doux, jusqu'à épaississement. Retirer du feu, filmer au contact et réserver au frais.

• Dans un cul-de-poule, monter 25 cl de crème fleurette à l'aide d'un batteur. L'incorporer délicatement au riz au lait à l'aide d'une maryse.

MONTAGE ET FINITION

Remplir un tiers de la verrine avec les bananes flambées, recouvrir d'une couche de riz au lait et terminer en saupoudrant l'ensemble de cacao à l'aide d'une passette.

MOUSSE AU CHOCOLAT

Pour 8 verrines

La mousse au chocolat :

45 cl de crème fleurette

240 g de chocolat au lait à 46 %

380 g de chocolat noir à 64 %

2 jaunes d'œufs

10 blancs d'œufs

150 g de sucre semoule

Le décor :

100 g de chocolat noir à 64 %

20 g de Feuilletine®

RÉALISATION DE LA MOUSSE AU CHOCOLAT

• Dans un cul-de-poule, monter les blancs en neige au batteur, puis ajouter le sucre pour les serrer.

• Concasser le chocolat au lait et le chocolat noir dans un cul-de-poule. Faire chauffer la crème dans une casserole jusqu'à frémissement, puis la verser sur les chocolats concassés. Mélanger. Ajouter les jaunes d'œufs et mélanger intimement, puis incorporer délicatement les blancs en neige.

• Répartir la mousse au chocolat dans les verrines, filmer au contact et laisser prendre pendant 1 heure au réfrigérateur.

RÉALISATION DU DÉCOR

• En vérifiant la température avec un thermomètre de cuisson, faire fondre le chocolat dans un cul-de-poule posé sur un bain-marie, jusqu'à atteindre 55 °C. Continuer de remuer hors du feu jusqu'à ce que la température descende à 28 °C puis remettre sur le feu et remonter à 32 °C (voir courbe de tempérage ci-dessous). Étaler le chocolat noir au point sur une feuille de papier Feuilletine® et laisser figer pendant 2 minutes.

FINITION

• Détailler le chocolat en copeaux. Décorer les verrines de copeaux de chocolat et servir.

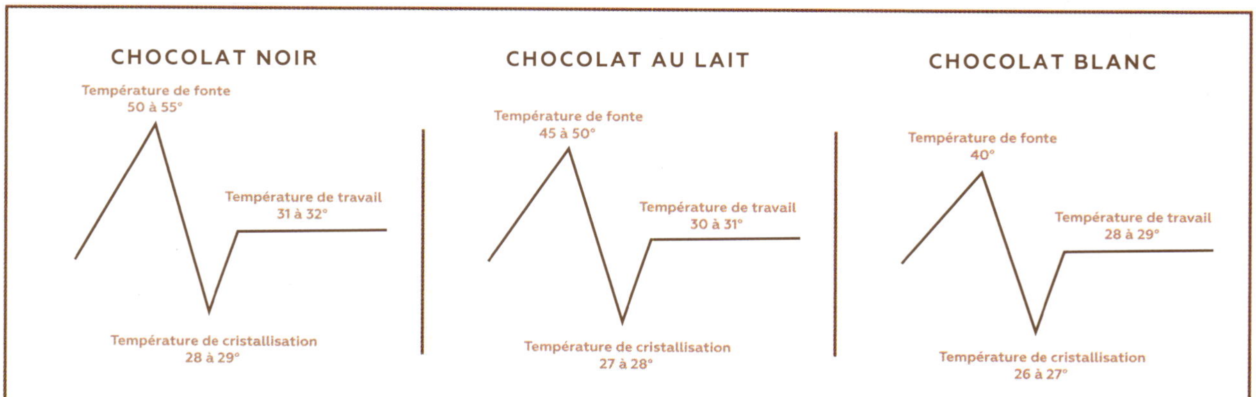

COURBES DE TEMPÉRAGE DES CHOCOLATS

ÎLES FLOTTANTES

Pour 8 îles flottantes

La crème anglaise:

35 cl de crème fleurette
35 cl de lait entier
11 jaunes d'œufs
75 g de sucre semoule
1 gousse de vanille de Madagascar

Le caramel tendre:

200 g de sucre semoule
20 cl de crème fleurette
4 g de fleur de sel

Les blancs vaporeux:

7 blancs d'œufs
75 g de sucre semoule
1 l de lait pour pocher les blancs

Le décor:

40 g de noisettes effilées

INFUSION DE VANILLE

• La veille, fendre la gousse de vanille en deux, gratter les graines avec la pointe d'un couteau et faire infuser la gousse et les graines durant une nuit dans le lait.

CONFECTION DE LA CRÈME ANGLAISE

• Le jour même, réunir dans un cul-de-poule les jaunes d'œufs et le sucre, et fouetter jusqu'à ce que le mélange blanchisse.

• Dans une casserole, faire chauffer la crème et le lait vanillé (sans la gousse). Ajouter le mélange précédent et faire cuire à 85 °C (vérifier avec un thermomètre de cuisson, le mélange ne doit pas bouillir). Maintenir à cette température pendant environ 1 min 30, sans cesser de remuer, jusqu'à ce que la crème épaississe et nappe le dos de la cuillère. Retirer du feu, filmer au contact et réserver au frais.

RÉALISATION DU CARAMEL TENDRE

• Dans une casserole, faire chauffer la crème sans la faire bouillir. Dans une autre casserole, faire chauffer le sucre. Lorsque le caramel est blond, verser la crème pour stopper sa cuisson. Ajouter la fleur de sel et mélanger. Débarrasser dans un bol, filmer et réserver au frais.

TORRÉFACTION DES NOISETTES

• Préchauffer le four à 170 °C.

• Déposer les noisettes effilées sur une plaque, enfourner et faire torréfier pendant 8 minutes, jusqu'à ce qu'elles soient dorées.

RÉALISATION DES BLANCS VAPOREUX

• Battre les blancs d'œufs avec le sucre dans un cul-de-poule jusqu'à l'obtention d'une texture mousseuse. Porter le lait à frémissement dans une grande poêle. Avec une petite louche ronde ou avec un emporte pièce, prélever des demi-sphères ou des disques de blancs en neige et, à l'aide d'une maryse, les faire glisser dans le lait. Laisser cuire 30 secondes sur chaque face et les retirer avec une écumoire.

MONTAGE ET FINITION

• Mettre un fond de caramel tendre au fond des coupes, ajouter une couche de crème anglaise et déposer un blanc vaporeux. Dessiner des traits de caramel tendre sur les îles flottantes et parsemer de noisettes effilées.

PANNA COTTA FIGUE ET SHISO

Pour 8 verrines

La panna cotta :

1,3 l de crème fleurette

130 g de sucre semoule

1 feuille de gélatine

1 gousse de vanille de Madagascar

La compotée de figues :

500 g de figues fraîches

50 g de miel de châtaignier

10 g de feuilles de shiso

Le décor :

6 figues fraîches

1 barquette de pousses de shiso vert

INFUSION DE VANILLE

• La veille, fendre la gousse de vanille en deux, gratter les graines avec la pointe d'un couteau et laisser infuser la gousse et les graines durant une nuit dans la crème fleurette.

CONFECTION DE LA PANNA COTTA

• Le jour même, mettre la gélatine à ramollir dans un grand bol d'eau froide.

• Dans une casserole, faire chauffer le tiers de la crème vanillée (sans la gousse) avec le sucre. Ajouter la gélatine essorée et laisser sur le feu juste le temps qu'elle fonde.

• Verser la crème restante, mélanger et couler en verrine. Réserver pendant 4 heures minimum au réfrigérateur.

RÉALISATION DE LA COMPOTÉE DE FIGUES

• Laver et couper les figues de la compotée en six. Faire chauffer le miel dans une casserole, ajouter les figues et les faire cuire jusqu'à atteindre 101 °C. Couper le feu, laisser redescendre la température à 40 °C et ajouter les feuilles de shiso ciselées. Débarrasser dans un cul-de-poule, filmer et réserver pendant 1 heure au réfrigérateur.

MONTAGE ET FINITION

• Déposer une couche de compotée de figues dans les verrines de panna cotta, surmonter de 3 quartiers de figue et décorer de pousses de shiso.

TIRAMISU

Pour 8 coupes

Le biscuit à la cuillère :

2 jaunes d'œufs
2 blancs d'œufs
50 g de sucre semoule
40 g de sucre glace
40 g de farine T55

Le sirop au café :

65 g de café en grains
25 cl d'eau
13 g d'amaretto

La crème au mascarpone :

4 œufs
165 g de sucre semoule
400 g de mascarpone
40 cl de crème fleurette

Le décor :

20 g de cacao en poudre

INFUSION DE CAFÉ

• La veille, moudre les grains de café. Faire chauffer l'eau, ajouter le café moulu et laisser infuser durant une nuit.

RÉALISATION DU BISCUIT À LA CUILLÈRE

• Le jour même, préchauffer le four à 170 °C.

• Monter au batteur les blancs d'œufs avec 25 g de sucre jusqu'à l'obtention d'une meringue. Mettre les jaunes d'œufs et le sucre semoule restant dans la cuve du robot et battre pendant 10 minutes jusqu'à ce que le mélange blanchisse.

• Intégrer peu à peu et délicatement la meringue au mélange jaunes-sucre à l'aide d'une maryse, puis ajouter la farine, toujours délicatement. Mettre la pâte obtenue dans une poche à douille de 18 mm et déposer sur une plaque recouverte de papier cuisson légèrement graissé des disques de 65 mm de diamètre, en tourbillon. Saupoudrer de sucre glace et enfourner. Faire cuire pendant 12 minutes en veillant à ce que les biscuits ne colorent pas.

CONFECTION DE LA CRÈME AU MASCARPONE

• Monter la crème au batteur dans un cul-de-poule. Mettre les œufs et le sucre dans la cuve d'un robot et battre pendant 10 minutes, puis incorporer délicatement le mascarpone et la crème montée. Filmer et réserver au réfrigérateur jusqu'à utilisation.

MONTAGE ET FINITION

• Filtrer l'infusion de café dans un plat creux et ajouter l'amaretto. Mélanger et plonger les biscuits dans le café à l'amaretto pour les imbiber.

• Déposer une couche de crème au mascarpone au fond de chaque coupe, recouvrir d'un biscuit au café, recouvrir à nouveau de crème au mascarpone, puis d'un second biscuit. Terminer par une couche de crème au mascarpone. Filmer et réserver au frais pendant 1 heure. Poudrer de cacao juste avant de servir.

11 HEURES L'APPARITION DES GÂTEAUX

Les pâtisseries sont rarement dégustées avant le déjeuner. Pour une fraîcheur maximale, pas question, donc, de les sortir avant 11 heures. C'est le moment le plus jouissif de la journée, j'éprouve la même sensation que lorsque je dressais une assiette. Pour un pâtissier, installer les gâteaux est fabuleux, c'est la récompense du travail, le plaisir numéro un dans ce métier ! Le maître mot dans nos vitrines est la cohérence. Surtout, pas de tape-à-l'œil, de colorants : nous travaillons le produit tel que la nature nous l'offre, c'est tricher de séduire l'œil pour tromper l'esprit. Tout cela colle avec le cadre « nature » de nos boutiques – du chêne brut, des plantes, et du cuivre qui fait écho aux batteries de casseroles. Tout tourne rond, tout est lié : c'est crucial pour moi.

MERVEILLES PRALINÉ-NOISETTES

Pour 8 personnes

La meringue des merveilles :

2 blancs d'œufs
50 g de sucre semoule
50 g de sucre glace
20 g de beurre de cacao
20 g de chocolat noir

La pâte de noisettes :

100 g de noisettes
½ cuil. à moka de fleur de sel

La ganache chocolat au lait montée :

8 cl de crème fleurette
5 g de sirop de glucose
125 g de chocolat au lait
20 cl de crème fleurette

Le glaçage chocolat au lait-noisettes :

2 cl d'eau
55 g de sucre semoule
55 g de sirop de glucose
30 g de lait concentré
1,5 feuille de gélatine
55 g de chocolat au lait
20 g de pâte de noisettes

Le décor des merveilles :

10 g de Feuilletine®
10 g de chocolat au lait
10 g de chocolat noir
1 g de fleur de sel
10 g de noisettes concassées

Les coques chocolat :

50 g de chocolat noir

RÉALISATION DE LA MERINGUE

• Préchauffer le four à 70 °C.

• Monter les blancs d'œufs en neige au batteur en ajoutant le sucre semoule au fur et à mesure pour les serrer. Une fois la meringue bien montée, incorporer le sucre glace à l'aide d'une maryse. Mettre la meringue dans une poche à douille de 12 mm et pocher 16 disques de 3 cm de diamètre sur une plaque tapissée de papier cuisson.

• Enfourner et laisser sécher pendant 4 heures.

• Faire fondre le beurre de cacao et le chocolat noir, et à l'aide d'un pinceau, imperméabiliser les meringues juste sorties du four. Réserver sur une grille.

RÉALISATION DE LA PÂTE DE NOISETTES

• Préchauffer le four à 170 °C.

• Étaler les noisettes sur une plaque à pâtisserie et les faire torréfier pendant 6 minutes. Laisser refroidir, puis mixer avec la fleur de sel jusqu'à l'obtention d'une pâte lisse. Couler 10 g de cette pâte dans des moules en silicone de 3 cm de diamètre. Réserver au congélateur jusqu'à utilisation.

CONFECTION DE LA GANACHE CHOCOLAT AU LAIT

• Porter à ébullition 8 cl de crème et le sirop de glucose. Verser sur le chocolat au lait concassé dans un cul-de-poule. Mixer puis ajouter la crème froide. Filmer et réserver au réfrigérateur jusqu'à utilisation.

RÉALISATION DU GLAÇAGE CHOCOLAT AU LAIT-NOISETTES

• Mettre la gélatine à ramollir dans un bol d'eau froide.

• Réunir l'eau, le sucre et le sirop de glucose dans une casserole et faire chauffer à 102 °C. Ajouter le lait concentré et la gélatine essorée. Mélanger, puis verser en 3 fois sur le chocolat au lait concassé et la pâte de noisettes dans un cul-de-poule. Mixer le tout, filmer et réserver au froid.

CONFECTION DU DÉCOR

• Concasser le chocolat au lait et le chocolat noir, et les mélanger avec tous les autres ingrédients.

CONFECTION DES COQUES

• Placer le chocolat concassé dans un cul-de-poule posé sur un bain-marie et le faire fondre jusqu'à ce qu'il atteigne 55 °C. Continuer de remuer hors du feu jusqu'à ce que la température descende à 28 °C puis remettre sur le feu et remonter à 32 °C (voir courbe de tempérage page 48). Verser le chocolat fondu dans 8 petits moules souples en silicone de 4,5 cm de diamètre et 4,5 cm de hauteur. Retourner les moules pour éliminer l'excédent : les coques doivent être très fines.

MONTAGE ET FINITION

• Monter la ganache au fouet.

• Mettre 20 g de ganache montée dans le fond de chaque coque, poser dessus un disque de meringue et recouvrir de 10 g de ganache montée. Ajouter un insert de pâte de noisettes, puis 10 g de ganache montée et terminer par un disque de meringue. Réserver au congélateur pendant 3 heures.

• Démouler les merveilles. Faire chauffer le glaçage à 40 °C et à l'aide d'une spatule en napper les entremets. Disposer harmonieusement le décor dessus et réserver pendant 4 heures au réfrigérateur avant de déguster.

À deux semaines de l'ouverture de la première boutique, je trouvais qu'il nous manquait un dessert au chocolat. J'en parle à Mathieu, le chef de l'atelier, loin de me douter que nous allions ainsi mettre au point, en quelques minutes, l'une de nos plus belles signatures. Entre deux palets de meringues très légers, très aériens, un cœur coulant de praliné noisette fleur de sel, de la chantilly au chocolat au lait : tout était tellement évident ! Nous nous sommes attaqués ici à une gourmandise mythique, la « merveille » tellement addictive mais aussi beaucoup trop sucrée, qui ne répond plus aux codes actuels. Dans notre recette, les noisettes et la fleur de sel viennent rééquilibrer le sucre. Et la chantilly donne un rendu plus léger que la traditionnelle crème au beurre.

ÉCLAIRS AU CHOCOLAT ET À LA FÈVE TONKA

Pour 8 éclairs

La pâte à choux :

10 cl de lait entier
10 cl d'eau
40 g de beurre
4 cl d'huile de pépins de raisin
2 g de sel
100 g de farine
3 œufs

Les coques et bandelettes :

70 g de chocolat noir

Le crémeux de chocolat et fève tonka :

10 cl de lait entier
10 cl de crème fleurette
½ fève tonka
5 g de grué de cacao
25 g de sucre semoule
1 gros jaune d'œuf
20 g de pâte de cacao
90 g de chocolat noir

La ganache chocolat noir :

6 cl de crème fleurette
6 g de sirop de glucose
6 g de Trimoline® (sucre inverti)
65 g de chocolat noir
12 cl de crème fleurette froide

Le glaçage noir :

2 cl d'eau
40 g de sucre semoule
40 g de sirop de glucose
2 cl de lait concentré
3 feuilles de gélatine
45 g de chocolat noir

Le décor :

5 g de grué de cacao

RÉALISATION DE LA PÂTE À CHOUX

• Faire chauffer dans une casserole le lait, l'eau, le beurre, l'huile et le sel. Dès que l'ébullition est atteinte, ajouter la farine en une fois. Dessécher pendant 1 minute à feu moyen.

• Mettre la pâte obtenue dans la cuve d'un batteur muni de la feuille et faire tourner pendant 10 minutes à vitesse lente jusqu'à complet refroidissement. Incorporer les œufs un à un et pétrir jusqu'à l'obtention d'une pâte lisse.

• À l'aide d'une règle fine, étaler la pâte à choux dans un cadre de 12 mm de hauteur. Filmer et laisser durcir pendant 1 heure au congélateur.

• Détailler la pâte en 8 rectangles de 2,8 cm sur 12,8 cm. Réserver jusqu'à utilisation.

RÉALISATION DES COQUES ET BANDELETTES

• Placer le chocolat concassé dans un cul-de-poule posé sur un bain-marie et le faire fondre jusqu'à ce qu'il atteigne 55 °C. Continuer de remuer hors du feu jusqu'à ce que la température descende à 28 °C puis remettre sur le feu et remonter à 32 °C (voir courbe de tempérage page 48). Verser le chocolat fondu dans 8 petits moules souples en silicone de 12,5 cm de longueur et 2,5 cm de largeur. Retourner les moules pour éliminer l'excédent : les coques doivent être très fines.

• Étaler le reste de chocolat à la spatule sur une feuille de papier guitare et détailler 8 bandelettes de 12,5 cm de longueur et 2,5 cm de largeur. Réserver les coques et les bandelettes à température ambiante.

RÉALISATION DU CRÉMEUX DE CHOCOLAT ET FÈVE TONKA

• Porter à ébullition le lait et la crème, ajouter la fève tonka préalablement mixée et le grué de cacao. Laisser infuser pendant 1 heure.

• Réunir dans un cul-de-poule le jaune d'œuf et le sucre, et fouetter jusqu'à ce que le mélange blanchisse.

• Passer l'infusion au chinois, verser sur le mélange aux œufs et faire cuire à 85 °C.

• Mélanger le chocolat noir et la pâte de cacao, puis verser la crème anglaise en 3 fois sur le chocolat pour homogénéiser le crémeux. Mixer le tout, filmer au contact et réserver à température ambiante. Lisser avant utilisation.

RÉALISATION DE LA GANACHE CHOCOLAT NOIR

• Porter à ébullition 6 cl de crème avec le sirop de glucose et le sucre inverti. Verser sur le chocolat noir concassé dans un cul-de-poule. Mixer puis ajouter la crème froide. Filmer et réserver au réfrigérateur jusqu'à utilisation.

RÉALISATION DU GLAÇAGE NOIR

• Mettre la gélatine à ramollir dans un bol d'eau froide.

• Réunir l'eau, le sucre et le sirop de glucose dans une casserole et faire chauffer à 102 °C. Ajouter le lait concentré et la gélatine essorée. Mélanger, puis verser en 3 fois sur le chocolat noir concassé dans un cul-de-poule. Mixer le tout, filmer et réserver au froid.

PRÉPARATION DU DÉCOR

• Mixer puis tamiser le grué de cacao. Réserver la poudre obtenue.

CONFECTION DES ÉCLAIRS (voir astuce illustrée ci-dessous)

• Préchauffer le four à 190 °C.

• Retirer les 8 rectangles de pâte à choux du réfrigérateur. Les déposer sur une plaque antiadhésive dans des cadres graissés de 3 cm de hauteur. Poser dessus un Silpat et 2 plaques à pâtisserie. Enfourner et laisser cuire pendant 30 minutes à chaleur tournante.

• Démouler à la sortie du four, couper les éclairs à 1,2 cm de haut à l'aide d'une règle et les ouvrir en deux (1 et 2). Les déposer sur une grille.

MONTAGE ET FINITION

• Monter la ganache chocolat au fouet, puis en garnir les coques de chocolat aux trois quarts. Creuser dedans une empreinte de 1,8 cm et 1,2 cm et mettre au congélateur pendant 1 heure.

• Garnir ensuite à hauteur de crémeux de chocolat et fève tonka. Lisser pour emprisonner l'insert. Déposer sur chaque coque une bandelette de chocolat et faire prendre pendant 1 heure au congélateur (3).

DÉMOULER LES ÉCLAIRS GLACÉS.

• Garnir les éclairs de crémeux de chocolat et fève tonka, lisser.

• Réchauffer progressivement le glaçage noir à 40 °C et le mixer pour enlever les bulles d'air. Napper les coques de chocolat garnies pour les glacer.

• Poser les coques de chocolat glacées sur la pâte à choux garnie (4). Terminer en saupoudrant le dessus et les côtés de grué de cacao avec parcimonie.

LE MONTAGE DE L'ÉCLAIR

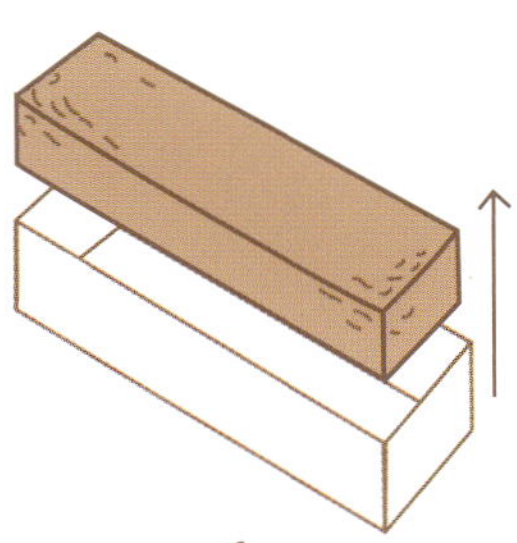

- 1 -

Démouler la pâte à choux à la sortie du four.

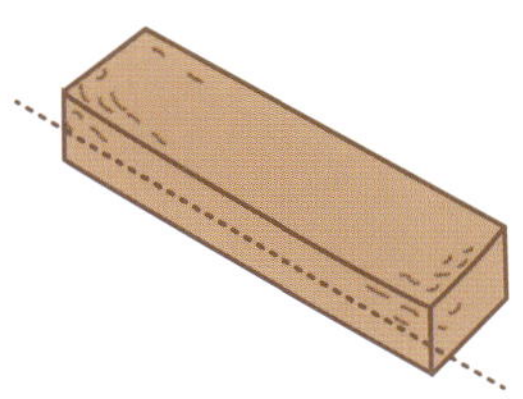

- 2 -

La couper en deux à l'aide d'une règle et réserver. Garnir ensuite de crémeux chocolat-tonka.

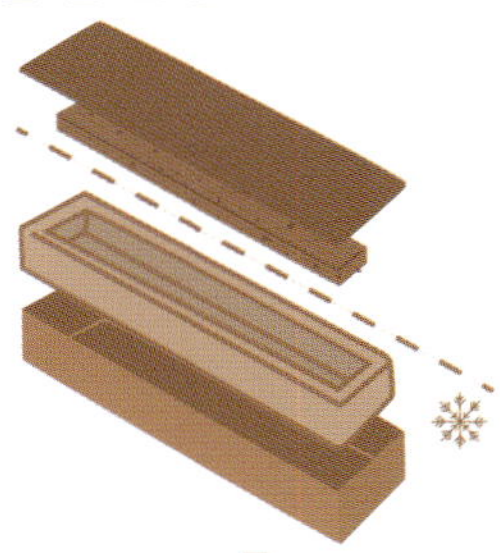

- 3 -

Déposer l'insert crémeux et une bandelette chocolat sur la coque glacée garnie de ganache.

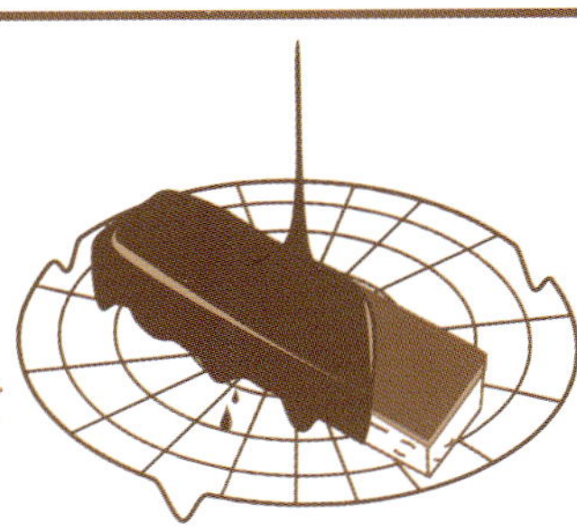

- 4 -

Glacer les coques garnies puis les déposer sur la pâte à choux garnie.

ÉCLAIRS MOKANIS

Pour 8 éclairs

Le crémeux de café-anis étoilé :

4 cl de crème fleurette
50 g de grains de café
5 étoiles d'anis
3 jaunes d'œufs
50 g de sucre semoule
3 feuilles de gélatine

La ganache café montée :

25 cl de crème fleurette
30 g de grains de café
4 feuilles de gélatine
50 g de chocolat blanc

La pâte à choux :

10 cl de lait entier
10 cl d'eau
40 g de beurre
4 cl d'huile de pépins de raisin
2 g de sel
100 g de farine
3 œufs

Les coques et bandelettes :

70 g de chocolat au lait

Le glaçage café :

270 g de sucre semoule
190 g de sirop de glucose
40 cl de crème fleurette
5 g de café soluble
40 g de beurre
130 g de chocolat au lait
5 feuilles de gélatine

Le décor :

5 g de grué de cacao

INFUSION DE CAFÉ-ANIS ÉTOILÉ POUR LE CRÉMEUX

• La veille, moudre les grains de café et mixer les étoiles d'anis. Mélanger à la crème et laisser infuser durant une nuit.

INFUSION DE CAFÉ POUR LA GANACHE

• La veille, mixer les grains de café. Mélanger la poudre obtenue dans la crème et laisser infuser durant une nuit.

RÉALISATION DE LA PÂTE À CHOUX

• Faire chauffer dans une casserole le lait, l'eau, le beurre, l'huile et le sel. Dès que l'ébullition est atteinte, ajouter la farine en une fois. Dessécher pendant 1 minute à feu moyen.

• Mettre la pâte obtenue dans la cuve d'un batteur muni de la feuille et faire tourner pendant 10 minutes à vitesse lente jusqu'à complet refroidissement. Incorporer les œufs un à un et pétrir jusqu'à l'obtention d'une pâte lisse.

• À l'aide d'une règle fine, étaler la pâte à choux dans un cadre de 12 mm de hauteur. Filmer et laisser durcir pendant 1 heure au congélateur.

• Détailler la pâte en 8 rectangles de 2,8 cm sur 12,8 cm. Réserver jusqu'à utilisation.

RÉALISATION DES COQUES ET BANDELETTES

• Placer le chocolat concassé dans un cul-de-poule posé sur un bain-marie et le faire fondre jusqu'à ce qu'il atteigne 45 °C. Continuer de remuer hors du feu jusqu'à ce que la température descende à 27 °C puis remettre sur le feu et remonter à 30 °C (voir courbe de tempérage page 48). Verser le chocolat fondu dans 8 petits moules souples en silicone de 12,5 cm de longueur et 2,5 cm de largeur. Retourner les moules pour éliminer l'excédent : les coques doivent être très fines.

• Étaler le reste de chocolat à la spatule sur une feuille de papier guitare et détailler 8 bandelettes de 12,5 cm de longueur et 2,5 cm de largeur. Réserver les coques et les bandelettes à température ambiante.

Cet éclair mokanis — contraction, vous l'aurez compris, de moka et d'anis —, puise ses origines dans un voyage à Séville que j'ai effectué il y a 5 ou 6 ans. Durant ce séjour, on m'avait servi un café avec une goutte d'anis. Un délice ! J'avais depuis gardé cette alliance audacieuse dans un coin de ma tête, avec l'envie de créer un dessert gourmand sur cette base. C'est ainsi qu'est né l'éclair mokanis. Un dessert prisé par la frange la plus aventureuse de ma clientèle. J'utilise pour le réaliser un café d'origine indienne qui vient de l'Arbre à café. Avec le torréfacteur Hippolyte Courty, son fondateur, nous avons testé une multitude de cafés avant de trouver celui dont les arômes subliment l'anis.

RÉALISATION DU CRÉMEUX DE CAFÉ-ANIS ÉTOILÉ

• Passer l'infusion café-anis étoilé au chinois. Mettre la gélatine à ramollir dans un bol d'eau froide.

• Mélanger au fouet les jaunes d'œufs et le sucre jusqu'à ce que le mélange blanchisse. Porter la crème à ébullition, la verser sur le mélange précédent et faire cuire à 80 °C. Ajouter la gélatine essorée, mixer. Filmer et réserver pendant 1 heure au froid.

• Lisser avec le fouet avant utilisation.

RÉALISATION DE LA GANACHE CAFÉ MONTÉE

• Passer l'infusion de café au chinois. La peser et porter le tiers à ébullition. Ajouter la gélatine préalablement ramollie et essorée, verser sur le chocolat blanc en 3 fois, et verser le reste d'infusion de café. Mixer. Filmer et réserver au réfrigérateur.

CONFECTION DU GLAÇAGE CAFÉ

• Mettre la gélatine à ramollir dans un bol d'eau froide.

• Faire fondre le sucre à sec dans une casserole jusqu'à l'obtention d'un caramel. Dans une autre casserole, porter le sirop de glucose à ébullition, ajouter le caramel en 5 fois, puis la crème préalablement chauffée à ébullition avec le café. Mélanger et verser sur le beurre et le chocolat concassé dans un cul-de-poule. Reverser dans la casserole et faire cuire à 102 °C.

• Passer au chinois, ajouter la gélatine essorée et faire cuire à 70 °C. Mixer, filmer et réserver au froid.

PRÉPARATION DU DÉCOR

• Mixer puis tamiser le grué de cacao. Réserver la poudre obtenue.

CONFECTION DES ÉCLAIRS

• Préchauffer le four à 190 °C.

• Retirer les 8 rectangles de pâte à choux du réfrigérateur. Les déposer sur une plaque antiadhésive dans des cadres graissés de 3 cm de hauteur. Poser dessus un Silpat et 2 plaques à pâtisserie. Enfourner et laisser cuire pendant 30 minutes à chaleur tournante.

• Démouler à la sortie du four, couper les éclairs à 1,2 cm de haut à l'aide d'une règle et les ouvrir en deux. Les déposer sur une grille.

MONTAGE ET FINITION

• Monter la ganache café au fouet, puis en garnir aux trois quarts les coques de chocolat au lait. Creuser dedans une empreinte de 1,8 cm et 1,2 cm et mettre au congélateur pendant 1 heure.

• Garnir ensuite à hauteur de crémeux de café-anis étoilé. Lisser pour emprisonner l'insert. Déposer sur chaque coque une bandelette de chocolat au lait et laisser prendre pendant 1 heure au congélateur.

• Démouler les éclairs glacés.

• Réchauffer progressivement le glaçage noir à 40 °C et le mixer pour enlever les bulles d'air. En napper les coques pour les glacer.

• Garnir les éclairs de crémeux de café-anis étoilé, lisser, puis poser sur chacun un éclair glacé. Terminer en saupoudrant le dessus et les côtés de grué de cacao.

ÉCLAIRS MARRON-CASSIS

Pour 8 éclairs

La ganache marron montée :

5 cl de crème fleurette
60 g de pâte de marrons
60 g de crème de marrons
15 g de chocolat au lait
1 feuille de gélatine
10 cl de crème fleurette

La pâte à choux :

10 cl de lait entier
10 cl d'eau
40 g de beurre
4 cl d'huile de pépins de raisin
2 g de sel
100 g de farine
3 œufs

Les coques et bandelettes :

70 g de chocolat au lait

La garniture marron :

100 g de pâte de marrons
100 g de crème de marrons

L'insert cassis :

200 g de purée de cassis
5 g d'agar-agar

Le glaçage marron :

2 cl d'eau
40 g de sucre semoule
40 g de sirop de glucose
2 cl de lait concentré
3 feuilles de gélatine
20 g de chocolat au lait
20 g de chocolat blanc
10 g de pâte de marrons
10 g de crème de marrons

La meringue franco-suisse :

1 blanc d'œuf
30 g de sucre semoule
30 g de sucre glace

Le décor :

Billes de chocolat

CONFECTION DE LA GANACHE MARRON

• La veille, faire bouillir 5 cl de crème fleurette, ajouter la gélatine préalablement ramollie et mélanger. Verser dans un cul-de-poule sur le chocolat au lait concassé, la pâte de marrons et la crème de marrons. Mélanger, ajouter 10 cl de crème. Mélanger, filmer et réserver pendant 24 heures au réfrigérateur.

RÉALISATION DE LA PÂTE À CHOUX

• Faire chauffer dans une casserole le lait, l'eau, le beurre, l'huile et le sel. Dès que l'ébullition est atteinte, ajouter la farine en une fois. Dessécher pendant 1 minute à feu moyen.

• Mettre la pâte obtenue dans la cuve d'un batteur muni de la feuille et faire tourner pendant 10 minutes à vitesse lente jusqu'à complet refroidissement. Incorporer les œufs un à un et pétrir jusqu'à l'obtention d'une pâte lisse.

• À l'aide d'une règle fine, étaler la pâte à choux dans un cadre de 12 mm de hauteur. Filmer et laisser durcir pendant 1 heure au congélateur.

• Détailler la pâte en 8 rectangles de 2,8 cm sur 12,8 cm. Réserver jusqu'à utilisation.

RÉALISATION DES COQUES ET BANDELETTES

• Placer le chocolat concassé dans un cul-de-poule posé sur un bain-marie et le faire fondre jusqu'à ce qu'il atteigne 45 °C. Continuer de remuer hors du feu jusqu'à ce que la température descende à 27 °C puis remettre sur le feu et remonter à 30 °C (voir courbe de tempérage page 48). Verser le chocolat fondu dans 8 petits moules souples en silicone de 12,5 cm de longueur et 2,5 cm de largeur. Retourner les moules pour éliminer l'excédent : les coques doivent être très fines.

• Étaler le reste de chocolat à la spatule sur une feuille de papier guitare et détailler 8 bandelettes de 12,5 cm de longueur et 2,5 cm de largeur. Réserver les coques et les bandelettes à température ambiante.

CONFECTION DE LA GARNITURE MARRON

• Réunir dans la cuve d'un batteur munie de la feuille la pâte de marrons et la crème de marrons. Mélanger intimement.

CONFECTION DE L'INSERT CASSIS

• Faire chauffer la purée de cassis à 40 °C, ajouter l'agar-agar et porter à ébullition. Laisser totalement refroidir avant de mixer.

RÉALISATION DU GLAÇAGE MARRON

• Mettre la gélatine à ramollir dans un bol d'eau froide. Réunir l'eau, le sucre et le sirop de glucose dans une petite casserole et faire chauffer à 102 °C. Ajouter la gélatine essorée et le lait concentré, puis verser sur les deux chocolats concassés, la pâte de marrons et la crème de marrons. Mixer, filmer et réserver au froid jusqu'à utilisation.

RÉALISATION DE LA MERINGUE FRANCO-SUISSE

• Préparer un bain-marie en faisant chauffer une casserole d'eau à 60 °C. Réunir dans un cul-de-poule le blanc d'œuf et le sucre semoule, poser l'ensemble sur la casserole et fouetter en incorporant de l'air jusqu'à ce que le sucre soit dissous (goûter pour vérifier que le grain ne craque plus sous la dent). Retirer du bain-marie, et faire refroidir au batteur en montant les blancs. À l'aide d'une maryse, incorporer progressivement le sucre glace tamisé (voir astuce illustrée page 42).

• Préchauffer le four à 80 °C.

• Mettre la meringue dans une poche munie d'une douille de 4 mm et dresser des petites boules sur une plaque tapissée de papier cuisson. Enfourner et faire cuire pendant 1 heure. Laisser refroidir hors du four.

CONFECTION DES ÉCLAIRS

• Préchauffer le four à 190 °C.

• Retirer les 8 rectangles de pâte à choux du réfrigérateur. Les déposer sur une plaque antiadhésive dans des cadres graissés de 3 cm de hauteur. Poser dessus un Silpat et 2 plaques à pâtisserie. Enfourner et laisser cuire pendant 30 minutes à chaleur tournante.

• Démouler à la sortie du four, couper les éclairs à 1,2 cm de haut à l'aide d'une règle et les ouvrir en deux. Les déposer sur une grille.

MONTAGE ET FINITION

• Monter la ganache marron au fouet, puis en garnir aux trois quarts les coques de chocolat au lait. Creuser dedans une empreinte de 1,8 cm et 1,2 cm et mettre au congélateur pendant 1 heure.

• Garnir ensuite à moitié d'insert cassis et compléter à hauteur avec de la ganache marron. Lisser. Déposer sur chaque coque une bandelette de chocolat au lait et laisser prendre pendant 1 heure au congélateur.

• Démouler les éclairs glacés.

• Réchauffer progressivement le glaçage noir à 40 °C et le mixer pour enlever les bulles d'air. En napper les coques pour les glacer.

• Mélanger intimement la crème de marrons et la pâte de marrons. Fourrer les éclairs avec cette garniture. Lisser, puis poser sur chacun un éclair glacé. Tracer sur le dessus un trait fin de garniture marron, disposer 5 petites meringues et ajouter des billes.

BABAS MIRABELLES ET NOISETTES

Pour 8 babas

La pâte à baba :

100 g de farine
1 g de sel
30 g de beurre
4 g de levure
4 g de miel
2 gros œufs

Le sirop d'imbibage :

60 cl d'eau
120 g de sucre semoule
Le jus de 1 citron vert

La chantilly vanille :

30 cl de crème fleurette
30 g de sucre glace
30 g de mascarpone
1 gousse de vanille de Madagascar

La compotée de mirabelles :

500 g de mirabelles
100 g de sucre semoule
2 cl de jus de citron vert

Le praliné noisette :

100 g de noisettes
50 g de sucre semoule
1 g de fleur de sel

Le nappage :

4 cl d'eau
1 g de pectine
12 g de sucre semoule
6 g de sirop de glucose

Le décor et la finition :

6 cl de Frangelico (liqueur de noisette)
Noisettes effilées
12 mirabelles

CONFECTION DE LA PÂTE À BABA

• Réunir dans la cuve d'un batteur muni du crochet la farine, le sel et la levure tamisés, ainsi que le miel. Pétrir en ajoutant progressivement les œufs jusqu'à ce que la pâte se décolle des parois de la cuve. Finir par le beurre et continuer de pétrir jusqu'à ce que la pâte se décolle des parois. La répartir dans des moules en silicone de 6 cm de diamètre. Filmer et laisser pousser pendant 1 h 30 à température ambiante (26 °C).

CUISSON DES BABAS

• Préchauffer le four à 180 °C.

• Quand la pâte a bien levé, enfourner et faire cuire pendant 15 minutes à 180 °C, puis pendant 20 minutes à 160 °C. Sortir les babas et les laisser refroidir avant de les démouler sur grille.

RÉALISATION DU SIROP D'IMBIBAGE

• Porter à ébullition l'eau et le sucre, puis ajouter le jus de citron vert. Filtrer le sirop et le faire chauffer jusqu'à léger frémissement (60 °C). À l'aide d'une louche, en arroser généreusement et à plusieurs reprises les babas : l'imbibage doit être homogène et bien réparti.

• Verser ensuite la liqueur de noisette sur les babas.

CONFECTION DE LA CHANTILLY VANILLE

• Réunir le sucre glace, la crème et le mascarpone dans un cul-de-poule, mélanger intimement. Fendre la gousse de vanille en deux, gratter les graines et les ajouter au mélange. Fouetter en chantilly et réserver au frais jusqu'à utilisation.

CONFECTION DE LA COMPOTÉE DE MIRABELLES

• Laver les mirabelles, les ouvrir en deux et les dénoyauter. Les mettre dans une casserole avec le sucre et le jus de citron vert. Laisser cuire à feu doux pendant 30 minutes.

RÉALISATION DU PRALINÉ NOISETTE

• Préchauffer le four à 170 °C. Étaler les noisettes sur une plaque à pâtisserie et les faire torréfier pendant 6 minutes.

• Faire chauffer le sucre à sec dans une casserole jusqu'à l'obtention d'un caramel ambré, ajouter les noisettes torréfiées en remuant. Laisser refroidir, puis mixer avec la fleur de sel jusqu'à l'obtention d'une pâte. En garnir les babas à l'aide d'une poche.

RÉALISATION DU NAPPAGE

• Faire chauffer l'eau avec la moitié du sucre et le sirop de glucose. Quand le sirop atteint 45 °C, ajouter la pectine mélangée avec le restant de sucre, et faire bouillir le tout pendant 1 minute.

MONTAGE ET FINITION

• Répartir la compotée de mirabelles dans 8 caissettes en papier. Déposer dessus un baba fourré de praliné noisette et recouvrir de nappage. Dresser un dôme de chantilly vanille, décorer de noisettes effilées et 6 quartiers de mirabelle.

BABAS AUX FRAISES DU JARDIN

Pour 8 babas

Les fraises :

500 g de fraises
100 g de sucre semoule
2 cl de jus de citron vert
10 g de feuilles de verveine

Le jus de fraise :

300 g de fraises
30 g de sucre semoule
3 cl de jus de citron
5 g de feuilles de verveine

La pâte à baba :

100 g de farine
1 g de sel
30 g de beurre
4 g de levure
4 g de miel
2 gros œufs

La chantilly vanille :

30 cl de crème fleurette
30 g de sucre glace
30 g de mascarpone
1 gousse de vanille de Madagascar

Le nappage à la fraise :

10 cl de jus de fraise
5 g de pectine

L'insert fraise :

200 g de purée de fraises
5 g d'agar-agar

Le décor :

Fraises
Fraises des bois
1 barquette de pousses de verveine

MACÉRATION DES FRAISES

• La veille, laver brièvement les fraises, les équeuter et les couper en quatre. Les réunir dans un cul-de-poule avec le sucre, la verveine et le jus de citron vert. Filtrer et laisser macérer pendant 24 heures au frais.

CONFECTION DES BABAS

• Réunir dans la cuve d'un batteur muni du crochet la farine, le sel et la levure tamisés, ainsi que le miel. Pétrir en ajoutant progressivement les œufs jusqu'à ce que la pâte se décolle des parois de la cuve. Finir par le beurre et continuer de pétrir jusqu'à ce que la pâte se décolle de la cuve. Répartir la pâte obtenue dans des moules en silicone de 6 cm de diamètre. Filmer et laisser pousser pendant 1 h 30 à température ambiante (26 °C).

CUISSON DES BABAS

• Préchauffer le four à 180 °C.

• Quand les babas ont bien levé, enfourner et faire cuire pendant 15 minutes à 180 °C, puis pendant 20 minutes à 160 °C. Les sortir et les laisser refroidir avant de les démouler sur grille.

CONFECTION DU JUS DE FRAISE

• Laver les fraises, les équeuter et les couper en deux, puis les réunir avec le sucre, le jus de citron et la verveine. Laisser cuire pendant 2 heures au four vapeur, puis passer le tout au chinois étamine.

• Peser le jus de fraise, mettre 10 cl de côté (pour le nappage) et faire chauffer le reste à 60 °C. À l'aide d'une louche, en arroser généreusement et à plusieurs reprises les babas : l'imbibage doit être homogène et bien réparti.

RÉALISATION DE LA CHANTILLY VANILLE

• Réunir le sucre glace, la crème et le mascarpone dans un cul-de-poule, mélanger intimement. Fendre la gousse de vanille en deux, gratter les graines et les ajouter au mélange. Fouetter en chantilly et réserver au frais jusqu'à utilisation.

RÉALISATION DE L'INSERT FRAISE

• Dans une petite casserole, faire chauffer la purée de fraises à 40 °C. Ajouter l'agar-agar et porter à ébullition. Retirer du feu, puis laisser figer. Une fois que l'insert a refroidi, le mixer.

CONFECTION DU NAPPAGE À LA FRAISE

• Faire chauffer le jus de fraise mis de côté. Quand il atteint 40 °C, ajouter la pectine et faire bouillir pendant 1 minute.

MONTAGE ET FINITION

• Mélanger les fraises macérées avec l'insert fraise, puis les répartir dans 8 caissettes. Déposer dessus un baba et le recouvrir de nappage à la fraise. Faire une rosace de chantilly vanille et décorer avec des fraises et fraises des bois coupées en deux ou quatre selon leur grosseur et des pousses de verveine.

Mon astuce

Pour couler un élément liquide dans un cadre et obtenir un résultat net, sans risque de fuite, appliquer une feuille de film alimentaire sur le fond. La rabattre sur les côtés, puis mettre le moule devant le four ouvert : sous l'effet de la chaleur qui s'en échappe, le film va se tendre instantanément.

BABAS AU RHUM ET RIZ AU LAIT

Pour 8 babas

La pâte à baba :

100 g de farine
1 g de sel
30 g de beurre
4 g de levure
4 g de miel
2 gros œufs

Le sirop d'imbibage :

60 cl d'eau
110 g de sucre semoule
Le zeste d'1 citron vert
Le zeste d'1 orange
1 gousse de vanille de Madagascar

Le riz au lait :

30 cl de lait entier
15 cl de crème fleurette
60 g de sucre semoule
1 gousse de vanille de Madagascar
100 g de riz à grains ronds
10 cl de crème fleurette froide

Le nappage :

4 cl d'eau
1 g de pectine
12 g de sucre semoule
6 g de sirop de glucose

La chantilly vanille :

30 cl de crème fleurette
30 g de sucre glace
30 g de mascarpone
1 gousse de vanille de Madagascar

La gelée au rhum :

10 cl d'eau
50 g de sucre semoule
5 feuilles de gélatine
3 cl de rhum
1 gousse de vanille de Madagascar

Le dressage :

6 cl de rhum

INFUSION DE VANILLE

• La veille, fendre la gousse de vanille pour le riz au lait, retirer les graines avec la pointe d'un couteau et laisser infuser la gousse et les graines durant une nuit dans le lait.

RÉALISATION DU RIZ AU LAIT

• Faire cuire le riz pendant 10 minutes à l'eau bouillante. L'égoutter.

• Faire bouillir dans une casserole 15 cl de crème fleurette avec le lait infusé (sans la gousse de vanille) et le sucre. Ajouter le riz égoutté, puis laisser cuire pendant 20 minutes à feu doux, jusqu'à épaississement. Retirer du feu, filmer au contact et réserver au frais jusqu'à utilisation.

CONFECTION DE LA PÂTE À BABA

• Réunir dans la cuve d'un batteur muni du crochet la farine, le sel et la levure tamisés, ainsi que le miel. Pétrir en ajoutant progressivement les œufs jusqu'à ce que la pâte se décolle des parois de la cuve. Finir par le beurre et continuer de pétrir jusqu'à ce que la pâte se décolle de la cuve. Répartir la pâte obtenue dans des moules en silicone de 6 cm de diamètre. Filmer et laisser pousser pendant 1 h 30 à température ambiante (26 °C).

CUISSON DES BABAS

• Préchauffer le four à 180 °C.

• Quand les babas ont bien levé, enfourner et les faire cuire pendant 15 minutes à 180 °C, puis pendant 20 minutes à 160 °C. Les sortir et laisser refroidir avant de les démouler sur grille.

RÉALISATION DU SIROP D'IMBIBAGE

• Porter à ébullition l'eau et le sucre et ajouter les zestes. Filtrer le sirop et le faire chauffer jusqu'à léger frémissement (60 °C). À l'aide d'une louche, en arroser généreusement et à plusieurs reprises les babas : l'imbibage doit être homogène et bien réparti.

CONFECTION DE LA CHANTILLY VANILLE

• Réunir le sucre glace, la crème et le mascarpone dans un cul-de-poule, mélanger intimement. Fendre la gousse de vanille en deux, gratter les graines et les ajouter au mélange. Fouetter en chantilly et réserver au frais jusqu'à utilisation.

CONFECTION DE LA GELÉE AU RHUM

• Mettre la gélatine à ramollir dans un bol d'eau froide.

• Porter à ébullition l'eau avec le sucre. Retirer du feu, ajouter la gélatine et le rhum, puis quand le sirop est à 60 °C les graines de la gousse de vanille grattée. Mélanger intimement.

• Filmer hermétiquement le fond d'un cadre de 14 cm de côté et de 1 cm de hauteur. Couler la gelée au rhum dans le cadre, filmer et réserver pendant 4 heures environ au réfrigérateur. La détailler ensuite en cubes de 1 cm.

RÉALISATION DU NAPPAGE

• Faire chauffer l'eau avec la moitié du sucre et le sirop de glucose. Quand le sirop atteint 45 °C, ajouter la pectine mélangée avec le restant de sucre, et faire bouillir le tout pendant 1 minute.

MONTAGE ET FINITION

• Dans un cul-de-poule, monter 10 cl de crème froide à l'aide d'un batteur. L'incorporer délicatement au riz au lait à l'aide d'une maryse, puis répartir le riz au lait dans 8 caissettes. Verser le rhum sur les babas. Déposer un baba sur le riz et recouvrir de nappage. Dresser un dôme de chantilly vanille et décorer de dés de gelée au rhum.

CHEESE-CAKES ABRICOTS-CORIANDRE

Pour 8 personnes

Le sablé reconstitué :

60 g de beurre
38 g de sucre glace
12 g de poudre d'amandes
½ cuil. à moka de fleur de sel
½ œuf
100 g de farine T55
10 g de beurre

L'appareil à cheese-cake :

565 g de cream cheese
165 g de sucre semoule
25 g de farine
3 œufs
1 jaune d'œuf
4 cl de crème fleurette

L'insert abricot :

200 g de purée d'abricots
4 g d'agar-agar
200 g d'abricots frais
4 g de feuilles de coriandre

La mousse au cream cheese :

160 g de sucre semoule
5 cl d'eau
4 gros jaunes d'œufs
30 g de sucre glace
480 g de cream cheese
6 feuilles de gélatine
60 cl de crème fleurette froide

Le flocage :

50 g de chocolat blanc
50 g de beurre de cacao

Le décor :

4 abricots
1 barquette de pousses de coriandre

CONFECTION DE L'APPAREIL À CHEESE-CAKE

• Préchauffer le four à 90 °C.

• Mélanger le cream cheese, le sucre et la farine tamisée dans un cul-de-poule. Incorporer les œufs un à un, puis ajouter le jaune d'œuf et la crème.

RÉALISATION DU SABLÉ RECONSTITUÉ

• Préchauffer le four à 170 °C.

• Dans la cuve d'un batteur muni de la feuille, fouetter 60 g de beurre et le sucre glace en crème. Incorporer la poudre d'amandes et la fleur de sel, puis ajouter l'œuf et la farine tamisée.

• Étaler la pâte à 2 mm d'épaisseur sur une plaque à pâtisserie tapissée de papier cuisson, enfourner et faire cuire pendant 8 minutes. Mixer le sablé obtenu et ajouter les 10 g de beurre en pommade. Étaler cette pâte sur 5 mm d'épaisseur dans un cadre Inox posé sur un Silpat et passer 2 minutes au four à 170 °C. Couler une très fine couche de l'appareil à cheese-cake sur le biscuit, juste pour combler les interstices, sur 0,5 cm de hauteur. Abaisser la température du four à 120 °C et faire cuire pendant 2 minutes. Puis verser le reste de l'appareil de façon à avoir une hauteur totale de 2 cm et poursuivre la cuisson pendant environ 25 minutes. Laisser refroidir pendant 1 heure à température ambiante avant de réserver pendant 1 heure au réfrigérateur.

RÉALISATION DE L'INSERT ABRICOT

• Faire chauffer la purée d'abricots. Lorsqu'elle atteint 40 °C, verser l'agar-agar en pluie et porter à ébullition. Retirer du feu et laisser refroidir.

• Ouvrir les abricots en deux, les dénoyauter et couper les oreillons en dés. Mixer la purée refroidie avec les feuilles de coriandre préalablement blanchies et ajouter les dés d'abricot. Couler cet insert sur 5 mm dans le cadre contenant le cheese-cake. Réserver pendant 2 heures au congélateur.

CONFECTION DE LA MOUSSE AU CREAM CHEESE

• Faire ramollir la gélatine pendant au moins 20 minutes dans un bol d'eau froide.

• Monter la crème froide au batteur et la réserver au réfrigérateur jusqu'à utilisation.

• Faire chauffer l'eau et le sucre semoule à 121 °C. Verser ce sirop sur les jaunes d'œufs et fouetter au batteur à grande vitesse. Diminuer à vitesse moyenne et continuer de battre jusqu'à ce que le sabayon refroidisse.

• Faire fondre le cream cheese au bain-marie sans trop le chauffer (60 °C). À l'aide d'une maryse, incorporer le sucre glace tamisé, la gélatine ramollie et essorée, le sabayon, ainsi que la crème fouettée.

MONTAGE ET FINITION

• À l'aide d'un emporte-pièce de 5,5 cm de diamètre, prélever 8 disques dans le cheese-cake à l'abricot. Déposer dans des moules en silicone de 6 cm de diamètre une noix de mousse au cream cheese, ajouter un palet de cheese-cake à l'abricot et lisser. Réserver au congélateur pendant 2 heures.

• Faire fondre séparément le chocolat blanc et le beurre de cacao du flocage, et les mélanger intimement. Verser cet appareil dans le réservoir d'un pistolet à air comprimé (ou d'un pistolet à peinture acheté dans un magasin de bricolage). Protéger l'endroit du flocage (par une bâche en plastique, par exemple) et pulvériser le mélange sur les palets de cheese-cake pour obtenir un effet velours. Couper les abricots en lamelles, décorer les cheese-cakes avec ces lamelles et des pousses de coriandre.

Ma technique

Pour vérifier la cuisson du cheese-cake, poser un doigt sur la surface : si l'entremets ne colle plus, c'est qu'il est à point.

CLAFOUTIS À LA PÊCHE

Pour 8 personnes

Les pêches sous vide :

500 g de pêches
10 cl de lait d'amande
100 g de purée de pêches

L'appareil à clafoutis :

65 g de poudre d'amandes
75 g de sucre semoule
10 g de fécule de pomme de terre
1 œuf
1 jaune d'œuf
65 g de crème épaisse

RÉALISATION DES PÊCHES CONFITES

• La veille, éplucher les pêches, les ouvrir en deux, puis couper chaque oreillon d'abord en quatre et chaque quartier en trois. Mettre sous vide les morceaux de pêche avec la purée de pêches et le lait d'amande, dans un sachet adapté, et réserver pendant 24 heures au frais.

CONFECTION DE L'APPAREIL À CLAFOUTIS

• La veille, réunir dans un cul-de-poule l'œuf et le jaune avec le sucre, mélanger, puis ajouter la poudre d'amandes, la fécule et la crème épaisse. Mélanger intimement et laisser reposer pendant 24 heures au frais.

CUISSON DU CLAFOUTIS

• Préchauffer le four à 160 °C.

• Répartir les morceaux de pêche dans 8 cassolettes et verser l'appareil à clafoutis. Enfourner et faire cuire pendant 25 minutes.

SAINT-HONORÉ CHOCOLAT-PRALINÉ GRUÉ

Pour 8 personnes

Le feuilletage inversé au sarrasin :

160 g de beurre
70 g de farine

La détrempe :

6 cl d'eau
1 goutte de vinaigre
8 g de fleur de sel
50 g de beurre
120 g de farine
40 g de farine de sarrasin
40 g de cacao en poudre
Sucre glace

La pâte à choux :

5 cl d'eau
5 cl de lait entier
20 g de beurre
2 cl d'huile de pépins de raisin
2 g de sel
60 g de farine
2 œufs
5 g de cacao en poudre

Le craquelin :

25 g de cassonade
20 g de beurre
25 g de farine
3 g de cacao en poudre

Le pralicrack de grué :

100 g de gianduja
25 g de Feuilletine®
25 g de grué de cacao
3 g de fleur de sel

Le crémeux de chocolat :

7 cl de lait entier
7 cl de crème fleurette
1 jaune d'œuf
20 g de sucre semoule
60 g de chocolat noir
10 g de pâte de cacao

La ganache chocolat au lait :

6 cl de crème fleurette
3 g de sirop de glucose
100 g de chocolat au lait
17 cl de crème fleurette froide

Le caramel :

300 g de sucre semoule
10 cl d'eau
75 g de sirop de glucose

Le décor :

Billes de chocolat

PRÉPARATION DU BEURRE MANIÉ ET DE LA DÉTREMPE

• La veille, mélanger intimement le beurre et la farine du feuilletage, étaler entre deux feuilles de papier sulfurisé en un rectangle de 2 cm de hauteur et réserver au réfrigérateur jusqu'à utilisation.

• Réaliser également la détrempe la veille. Dans la cuve d'un batteur muni du crochet, réunir tous les éléments (sauf le sucre glace) dans l'ordre donné, puis pétrir jusqu'à l'obtention d'une boule. Former un carré et réserver au réfrigérateur pendant 12 heures.

RÉALISATION DU FEUILLETAGE INVERSÉ AU SARRASIN

• Le jour même, étaler le rectangle de beurre-farine en un carré plus grand que la détrempe, afin de pouvoir y mettre celle-ci. Fermer comme une enveloppe et donner un tour simple en portefeuille (voir astuce illustrée ci-contre). Réaliser cette opération 5 fois en laissant reposer pendant 30 minutes au frais entre chaque tour.

• Étaler la pâte sur environ 3 mm d'épaisseur. La déposer sur une plaque à pâtisserie tapissé de papier cuisson et laisser durcir pendant 1 heure au congélateur pour un meilleur maintien à la cuisson.

• Préchauffer le four à 170 °C. Enfourner la plaque et faire cuire pendant 25 minutes.

• Tailler le feuillage en 8 disques de 12 cm de diamètre, les retourner et saupoudrer de sucre glace. Faire fondre le sucre glace en passant les feuilletés quelques minutes au four à 215 °C. Laisser refroidir hors du four sur une grille.

RÉALISATION DE LA PÂTE À CHOUX

• Faire chauffer dans une casserole le lait, l'eau, le beurre, l'huile et le sel. Dès que l'ébullition est atteinte, ajouter la farine et la poudre de cacao tamisées en une fois. Dessécher pendant 1 minute à feu moyen.

• Mettre la pâte obtenue dans la cuve d'un batteur muni de la feuille et faire tourner pendant 10 minutes à vitesse lente jusqu'à complet refroidissement. Incorporer les œufs un à un et pétrir jusqu'à l'obtention d'une pâte lisse. Mettre dans une poche à douille unie de 8 mm et déposer sur une plaque antiadhésive 64 choux. Réserver au congélateur.

RÉALISATION DU CRAQUELIN

• Mélanger tous les ingrédients ensemble jusqu'à l'obtention d'une pâte. L'étaler entre 2 feuilles de papier sulfurisé à 1,5 mm d'épaisseur. Réserver pendant 30 minutes au congélateur. Une fois que le craquelin est bien dur, détailler à l'emporte-pièce 64 disques de 2,5 cm de diamètre.

CUISSON DES CHOUX

• Préchauffer le four à 180 °C.

• Poser un craquelin sur les choux, enfourner et faire cuire pendant 12 minutes. Laisser refroidir sur une grille.

CONFECTION DU PRALICRACK DE GRUÉ

• Faire fondre le gianduja, puis ajouter la Feuilletine®, le grué de cacao et la fleur de sel. Étaler cette pâte entre 2 feuilles de papier sulfurisé à 4 mm d'épaisseur. Laisser durcir pendant 30 minutes environ, puis détailler 8 disques de 8 cm de diamètre à l'aide d'un emporte-pièce.

RÉALISATION DU CRÉMEUX DE CHOCOLAT

• Porter à ébullition le lait et la crème, ajouter le sucre et le jaune d'œuf et faire cuire à 82 °C. Verser sur le chocolat et la pâte de cacao, mixer pour homogénéiser le crémeux. Filmer au contact et réserver au frais.

RÉALISATION DE LA GANACHE CHOCOLAT AU LAIT

• Porter à ébullition 6 cl de crème et le sirop de glucose. Verser sur le chocolat au lait concassé dans un cul-de-poule. Mixer puis ajouter la crème froide. Filmer et réserver au réfrigérateur jusqu'à utilisation.

CONFECTION DU CARAMEL

• Réunir dans une casserole le sucre, l'eau et le sirop de glucose, et faire cuire jusqu'à 160 °C.

MONTAGE ET FINITION

• Une fois les choux froids, les garnir de crémeux de chocolat à l'aide d'une poche à douille unie de 6 mm. Les glacer de caramel, puis les poser, côté caramel, dans des moules de silicone demi-sphériques.

• Déposer au centre de chaque feuilleté un disque de pralicrak et recouvrir de crémeux de chocolat. Disposer 7 choux sur le pourtour du feuilleté. Fouetter la ganache chocolat au lait, la mettre dans une poche munie d'une douille à saint-honoré et en garnir l'ensemble. Déposer un chou sur la ganache montée et décorer de billes de chocolat.

SAINT-HONORÉ CHOCOLAT

- 1 -
Mettre un disque de pralicrak, recouvrir d'un fond de crémeux de chocolat au milieu du feuilletage.

- 2 -
Diposer les choux sur le pourtour.

- 3 -
Pocher la ganache au chocolat au lait.

- 4 -
Décorer de billes de chocolat.

TARTELETTES FRAMBOISES-MENTHE

Pour 8 personnes

Le crémeux de menthe :

12 cl de lait entier
12 cl de crème fleurette
4 petits jaunes d'œufs
30 g de sucre semoule
3 feuilles de gélatine
8 g de feuilles de menthe

La pâte sucrée :

60 g de beurre
38 g de sucre glace
12 g de poudre d'amandes
½ cuil. à moka de fleur de sel
½ œuf
100 g de farine T55

La crème d'amandes :

53 g de beurre
53 g de sucre glace
53 g de poudre d'amandes
5 g de poudre à crème
½ œuf
10 g de rhum

L'insert framboise :

200 g de purée de framboises
4 g d'agar-agar

Les framboises :

200 g de framboises

INFUSION DE MENTHE

• La veille, faire chauffer le lait et la moitié de la crème avec les feuilles de menthe. Ajouter la crème restante, mélanger et laisser infuser pendant 24 heures au réfrigérateur.

RÉALISATION DU FOND DE TARTE

• Dans la cuve d'un batteur muni de la feuille, mélanger le beurre et le sucre glace tamisé jusqu'à l'obtention d'une crème. Ajouter la poudre d'amandes et la fleur de sel, puis l'œuf. Incorporer la farine. Former une boule de pâte, filmer et réserver pendant 1 heure au réfrigérateur.

• Préchauffer le four à 170 °C.

• Étaler la pâte sur 2,5 mm d'épaisseur, puis la foncer dans 8 moules à tartelette de 7 cm de diamètre. Couvrir de billes de cuisson en céramique, enfourner et faire cuire à blanc pendant 15 minutes.

CONFECTION DE LA CRÈME D'AMANDES

• Mettre le beurre et le sucre glace tamisé dans la cuve du batteur muni de la feuille. Fouetter jusqu'à l'obtention d'une crème. Ajouter progressivement la poudre d'amandes et la poudre à crème, puis l'œuf et enfin le rhum. Filmer et réserver à température ambiante.

RÉALISATION DU CRÉMEUX DE MENTHE

• Faire chauffer la crème infusée et mixer, puis la passer au chinois.

• Mettre la gélatine à ramollir dans un bol d'eau froide.

• Dans un cul-de-poule, fouetter les jaunes d'œufs et le sucre jusqu'à ce que le mélange blanchisse. Verser dessus la crème à la menthe, mélanger et porter à ébullition. Arrêter la cuisson au premier bouillon. Incorporer la gélatine essorée et mélanger jusqu'à ce qu'elle soit complètement fondue. Mixer pour bien homogénéiser le crémeux, filmer au contact et réserver à température ambiante. Lisser avant utilisation.

CONFECTION DE L'INSERT FRAMBOISE

• Faire chauffer la purée de framboises à 40 °C, verser l'agar-agar en pluie et porter à ébullition. Laisser totalement refroidir avant de mixer.

MONTAGE ET FINITION

• Préchauffer le four à 170 °C.

• Étaler une couche de crème d'amandes sur le fond de tarte, enfourner et faire cuire pendant 4 minutes. Laisser refroidir.

• Mettre l'insert framboise dans une poche et déposer une fine couche sur la crème d'amandes froide. Garnir à hauteur de crémeux de menthe. Disposer harmonieusement les framboises et saupoudrer de sucre glace.

MERVEILLES PISTACHE-CERISES

Pour 8 personnes

La meringue des merveilles :

2 blancs d'œufs
50 g de sucre semoule
50 g de sucre glace
20 g de beurre de cacao
20 g de chocolat au lait

La pâte de pistaches :

100 g de pistaches
½ cuil. à moka de fleur de sel

L'insert cerise :

50 g de purée de cerises
1 g d'agar-agar
100 g de cerises fraîches

La ganache chocolat au lait :

8 cl de crème fleurette
4,5 g de sirop de glucose
125 g de chocolat au lait
20 cl de crème fleurette

Le glaçage chocolat-pistache :

2 cl d'eau
55 g de sucre semoule
55 g de sirop de glucose
30 g de lait concentré sucré
1,5 feuille de gélatine
25 g de chocolat blanc
25 g de chocolat au lait
10 g de pâte de pistaches

Les coques chocolat :

50 g de chocolat noir

Le décor des merveilles :

10 g de chocolat noir concassé
10 g de chocolat au lait concassé
1 g de fleur de sel
10 g de pistaches concassées
50 g de cerises

RÉALISATION DE LA MERINGUE

• Préchauffer le four à 70 °C.

• Monter les blancs d'œufs en neige au batteur en ajoutant le sucre semoule au fur et à mesure pour les serrer. Une fois la meringue bien montée, incorporer le sucre glace à l'aide d'une maryse.

• Mettre la meringue dans une poche à douille de 12 mm et pocher 16 disques de 3 cm de diamètre sur une plaque tapissée de papier cuisson.

• Enfourner et laisser sécher pendant 4 heures.

• Faire fondre le beurre de cacao et le chocolat au lait, et à l'aide d'un pinceau, imperméabiliser les meringues juste sorties du four. Réserver sur une grille.

RÉALISATION DE LA PÂTE DE PISTACHES

• Préchauffer le four à 170 °C.

• Étaler les pistaches sur une plaque à pâtisserie et les faire torréfier pendant 10 minutes. Laisser refroidir, puis mixer avec la fleur de sel jusqu'à l'obtention d'une pâte lisse.

CONFECTION DE L'INSERT CERISE

• Faire chauffer la purée de cerises à 40 °C, verser l'agar-agar et porter à ébullition. Laisser totalement refroidir avant de mixer. Ajouter les cerises fraîches dénoyautées et coupées en gros dés, mélanger intimement et répartir dans 8 moules en silicone de 3 cm de diamètre.

CONFECTION DE LA GANACHE CHOCOLAT AU LAIT

• Porter à ébullition 8 cl de crème et le sirop de glucose. Verser sur le chocolat au lait concassé dans un cul-de-poule. Mixer puis ajouter la crème froide. Mixer, filmer et réserver au réfrigérateur jusqu'à utilisation.

RÉALISATION DU GLAÇAGE CHOCOLAT-PISTACHE

• Mettre la gélatine à ramollir dans un bol d'eau froide.

• Réunir l'eau, le sucre et le sirop de glucose dans une casserole et faire chauffer à 102 °C. Ajouter le lait concentré et la gélatine essorée. Mélanger, puis verser en 3 fois sur le chocolat concassé et la pâte de pistaches. Mixer le tout, filmer et réserver au froid.

CONFECTION DU DÉCOR

• Mélanger tous les ingrédients ensemble.

CONFECTION DES COQUES CHOCOLAT

• Placer le chocolat concassé dans un cul-de-poule posé sur un bain-marie et le faire fondre jusqu'à ce qu'il atteigne 55 °C. Continuer de remuer hors du feu jusqu'à ce que la température descende à 28 °C puis remettre sur le feu et remonter à 32 °C (voir courbe de tempérage page 48). Verser le chocolat fondu dans 8 petits moules souples en silicone de 4,5 cm de diamètre et 4,5 cm de hauteur. Retourner les moules pour éliminer l'excédent : les coques doivent être très fines.

MONTAGE ET FINITION

• Monter la ganache au fouet.

• Mettre 20 g de ganache montée dans le fond de chaque coque, poser dessus un premier disque de meringue et recouvrir de 10 g de ganache chocolat montée. Ajouter un insert cerise, puis pocher 5 g de pâte à pistaches. Ajouter de nouveau 10 g de ganache et terminer par le second disque de meringue. Réserver au congélateur pendant 3 heures.

• Démouler les merveilles.

• Faire chauffer le glaçage à 40 °C et à l'aide d'une spatule en napper les entremets. Disposer harmonieusement le décor dessus (en ajoutant les cerises juste avant de déguster) et réserver pendant 4 heures au frais.

TARTELETTES FRAISES DES BOIS

Pour 8 personnes

La crème diplomate :

20 cl de lait entier

2 jaunes d'œufs

30 g de sucre semoule

4 g de poudre à crème

10 g de farine T55

1 gousse de vanille de Madagascar

1 feuille de gélatine

4 cl de crème fleurette froide

La pâte sucrée :

60 g de beurre

38 g de sucre glace

12 g de poudre d'amandes

½ cuil. à moka de fleur de sel

½ œuf

100 g de farine T55

La crème d'amandes :

53 g de beurre

53 g de sucre glace

53 g de poudre d'amandes

5 g de poudre à crème

½ œuf

10 g de rhum

Les fraises des bois :

200 g de fraises des bois

INFUSION DE VANILLE

• La veille, fendre la gousse de vanille de la crème diplomate en deux, gratter les graines avec la pointe d'un couteau et laisser infuser la gousse et les graines durant une nuit dans le lait.

RÉALISATION DU FOND DE TARTE

• Le jour même, dans la cuve d'un batteur muni de la feuille, mélanger le beurre et le sucre glace tamisé jusqu'à l'obtention d'une crème. Ajouter la poudre d'amandes et la fleur de sel, puis l'œuf. Incorporer la farine. Former une boule de pâte, filmer et réserver pendant 1 heure au réfrigérateur.

• Préchauffer le four à 170 °C.

• Étaler la pâte sur 2,5 mm d'épaisseur, puis la foncer dans 8 moules à tartelette de 7 cm de diamètre. Couvrir de billes de cuisson en céramique, enfourner et faire cuire à blanc pendant 15 minutes.

CONFECTION DE LA CRÈME D'AMANDES

• Mettre le beurre et le sucre glace tamisé dans la cuve du batteur muni de la feuille. Fouetter jusqu'à l'obtention d'une crème. Ajouter progressivement la poudre d'amandes et la poudre à crème, puis l'œuf et enfin le rhum.

CONFECTION DE LA CRÈME DIPLOMATE

• Mettre la gélatine à ramollir dans un bol d'eau froide.

• Dans un cul-de-poule, mélanger les jaunes d'œufs, le sucre et la poudre à crème.

• Porter le lait à ébullition avec la vanille dans une petite casserole. Passer au chinois et verser sur le mélange aux œufs. Remettre dans la casserole et faire bouillir le tout pendant 3 minutes. Retirer la gousse, ajouter la gélatine essorée et mélanger jusqu'à ce qu'elle soit complètement fondue. Filmer au contact et réserver au réfrigérateur pendant 2 heures.

• Monter la crème fleurette et l'incorporer.

MONTAGE ET FINITION

• Préchauffer le four à 170 °C.

• Étaler une couche de crème d'amandes sur le fond de tarte, enfourner et faire cuire pendant 4 minutes. Laisser refroidir.

• Garnir à hauteur de crème diplomate, puis disposer harmonieusement les fraises des bois et saupoudrer de sucre glace.

12 HEURES LES FUGUES PÂTISSIÈRES

Quèsaco ? Des desserts concoctés à la demande, sous les yeux des clients, servis dans une assiette. Mon ADN ! Habituellement, le pâtissier est bridé, ses créations doivent tenir dans le temps, disons une journée. Mes fugues, elles, n'ont qu'une dizaine de minutes de durée de vie. Du coup, le champ d'action s'élargit... On peut jouer sur les cuissons, les températures, les textures. On s'éclate. On gagne en spontanéité et en générosité. Ces desserts fugaces sont à savourer sans attendre. Voyez notre millefeuille, mon dessert signature : impossible de le conserver, ses fines couches de kouign-amann passées au gril à panini n'auraient plus le croustillant escompté. En quelques minutes, il s'effondre, ramollit. Ces fugues sont des plaisirs 100 % égoïstes, qu'on ne ramène pas chez soi.

MERINGUE VAPOREUSE MARRON-CASSIS

Pour 8 personnes

La marmelade cassis :
250 g de purée de cassis
5 g d'agar-agar

Le parfait marron :
22 cl de crème fleurette froide
5 jaunes d'œufs
5 cl d'eau
50 g de sucre semoule
4 feuilles de gélatine
300 g de pâte de marrons
2,5 cl de rhum

Le blanc vaporeux :
4 blancs d'œufs
50 g de sucre semoule

L'opaline :
240 g de fondant
160 g de sirop de glucose

La meringue sèche :
3 blancs d'œufs
200 g de sucre semoule

Poudre de betterave :
1 petite betterave crue

Le décor :
Poudre de betterave
48 grains de cassis frais

Ma technique

Pour ne graisser que très légèrement la feuille de rhodoïd, étaler le corps gras au pinceau puis essuyer la feuille avec du papier absorbant pour retirer l'excédent et obtenir une très fine pellicule de graisse.

CONFECTION DE LA POUDRE DE BETTERAVE

• Éplucher la betterave. La couper en fines lamelles et les déposer sur une plaque. Laisser sécher pendant 2 heures au four à 70 °C. Mixer et tamiser. Réserver la poudre obtenue.

CONFECTION DE LA MARMELADE CASSIS

• Faire chauffer la purée de cassis à 40 °C, verser l'agar-agar en pluie et porter à ébullition. Laisser totalement refroidir avant de mixer. Verser dans un cadre en une couche de 1 mm d'épaisseur.

RÉALISATION DU PARFAIT MARRON

• Mélanger la pâte de marrons et le rhum. Mettre la gélatine à ramollir dans un bol d'eau froide.

• Fouetter les jaunes d'œufs au batteur. Faire chauffer l'eau et le sucre à 120 °C, verser ce sirop sur les jaunes d'œufs, et continuer de battre à vitesse rapide jusqu'à complet refroidissement. Ajouter la gélatine essorée et laisser refroidir le sabayon.

• Monter la crème fleurette froide au batteur. Mélanger le sabayon avec la pâte de marrons, puis incorporer délicatement la crème montée à l'aide d'une maryse. Verser cette pâte sur la marmelade cassis en une couche épaisse de 2 mm. Réserver pendant 4 heures au congélateur.

CONFECTION DES BLANCS VAPOREUX

• Battre les blancs d'œufs avec le sucre dans un cul-de-poule jusqu'à l'obtention d'une texture mousseuse. Mettre dans une poche à douille et pocher dans des moules en silicone demi-sphériques de 2,5 cm de diamètre. Faire cuire pendant 6 minutes au four vapeur à 70 °C.

Si cette meringue compte pour moi ? C'est peu dire ! Voici le secret de mon tout premier dessert abouti. Il a été conçu à plusieurs milliers de mètres d'altitude, en 2011, dans l'avion qui me ramène de Saint-Barth. J'ai passé les derniers mois à broyer du noir après mon échec au *Lancaster*. Mais soudain, dans mon esprit, tout est clair. À la lumière de ce que j'ai absorbé auprès des différents chefs les années précédentes, j'imagine une base de parfait glacé à la marmelade de fruits. Avec un contraste de températures et de textures. De la finesse et de la légèreté. Il y a de l'émotion. Il va « déchirer » ! En rentrant à Paris, je trouve rapidement un poste à l'hôtel *Burgundy*. Je mets immédiatement ce dessert en place et il rencontre un grand succès. Cette meringue marque le début de mon renouveau, grâce à elle, je comprends enfin ce que cela signifie, transmettre une émotion à travers une pâtisserie.

RÉALISATION DE L'OPALINE

• Préchauffer le four à 180 °C.

• Réunir le sirop de glucose et le fondant dans une petite casserole et faire cuire à 160 °C (vérifier la température avec un thermomètre de cuisson). Laisser complètement refroidir avant de mixer finement.

• Mettre cette poudre dans 8 moules en silicone de 7 cm sur 10 cm, enfourner et laisser fondre pendant 2 minutes.

RÉALISATION DE LA MERINGUE SÈCHE

• Préparer une casserole d'eau frémissante pour le bain-marie. Réunir dans un cul-de-poule les blancs d'œufs et le sucre, poser l'ensemble sur le bain-marie et faire cuire à 50 °C en fouettant. Retirer alors le cul-de-poule du bain-marie et faire refroidir en continuant de fouetter au batteur.

• À l'aide d'une spatule, étaler une couche de meringue de 1 mm d'épaisseur sur une feuille de rhodoïd légèrement graissée, puis à l'aide d'un emporte-pièce détailler 8 rectangles de 7 cm sur 10 cm.

MONTAGE ET FINITION

• Détailler le parfait marron-cassis congelé en 8 rectangles de 7 cm sur 10 cm.

• Sur chaque parfait, déposer une fine plaque rectangulaire de meringue puis 12 blancs vaporeux de façon à obtenir 3 rangées de 4 demi-sphères. Ajouter un grain de cassis frais entre chaque blanc vaporeux et parsemer de poudre de betterave. Surmonter l'ensemble d'une opaline (voir astuce illustrée ci-dessous).

MERINGUE VAPOREUSE

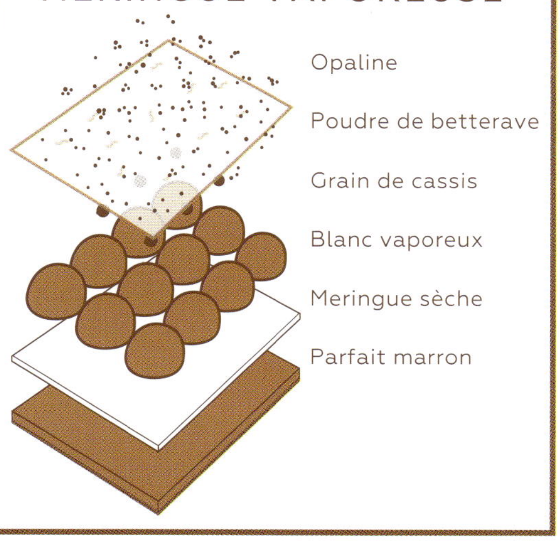

BRIOCHE TOASTÉE VANILLE-KUMQUATS

Pour 8 brioches

La glace vanille :
50 cl de lait entier
7 jaunes d'œufs
150 g de sucre semoule
1 gousse de vanille de Madagascar

La pâte à brioche :
570 g de farine T45
60 g de sucre semoule
12 g de sel
15 g de levure de boulanger fraîche
9 œufs
450 g de beurre
Beurre et sucre pour la cuisson

La compote de kumquats :
300 g de kumquats
250 g de sucre semoule
50 cl d'eau

La crème pâtissière :
1 l de lait entier
12 jaunes d'œufs
200 g de sucre semoule
50 g de farine T55
20 g de poudre à crème
4 gousses de vanille de Madagascar
15 cl de crème fleurette froide

La poudre de vanille :
2 gousses de vanille de Madagascar

RÉALISATION DE LA CRÈME ANGLAISE POUR LA GLACE

• La veille, réunir dans un cul-de-poule les jaunes d'œufs et le sucre, et fouetter jusqu'à ce que le mélange blanchisse. Dans une casserole, porter à ébullition le lait avec les graines de la gousse de vanille. Verser sur les jaunes blanchis et faire cuire à 82 °C (vérifier la température avec un thermomètre de cuisson, le mélange ne doit pas bouillir). Maintenir à cette température pendant environ 1 min 30, sans cesser de remuer, jusqu'à ce que la crème épaississe et nappe le dos de la cuillère. Retirer du feu, filmer au contact et laisser maturer pendant 24 heures au frais.

INFUSION DE VANILLE

• La veille, fendre les gousses de vanille de la crème pâtissière en deux, gratter les graines avec la pointe d'un couteau et laisser infuser les gousses et les graines durant une nuit dans le lait.

CONFECTION DE LA PÂTE À BRIOCHE

• La veille, réunir dans la cuve d'un robot muni du crochet la farine, le sucre, le sel et la levure. Pétrir à petite vitesse, puis ajouter progressivement les œufs. Augmenter la vitesse du robot et laisser tourner jusqu'à ce que la pâte forme une boule et se décolle des parois de la cuve. Ajouter le beurre froid en dés et pétrir à vitesse moyenne jusqu'à l'obtention d'une boule homogène et élastique. Mettre la boule de pâte dans un cul-de-poule légèrement fariné, couvrir d'un linge humide et laisser lever 1 heure à température ambiante. Appuyer sur la pâte avec la paume de la main de façon à en chasser l'air. Former une boule, filmer au contact et réserver pendant 24 heures au frais.

CONFECTION DE LA GLACE VANILLE

• Verser la crème anglaise froide en sorbetière et turbiner. Réserver au congélateur jusqu'à utilisation.

CUISSON DE LA BRIOCHE

• Préchauffer le four à 170 °C.

• Mettre la pâte dans un moule à brioche, enfourner et faire cuire pendant 30 minutes. Laisser refroidir avant de détailler la brioche en cubes de 5 cm de côté.

CONFECTION DE LA CRÈME PÂTISSIÈRE

• Fouetter dans un cul-de-poule les jaunes d'œufs avec le sucre jusqu'à ce que le mélange blanchisse. Ajouter la farine et la poudre à flan tamisées. Mélanger.

• Passer l'infusion de vanille au chinois (récupérer les gousses), la faire chauffer et la verser sur le mélange précédent. Mélanger et reverser en casserole. Porter à ébullition en remuant et laisser cuire pendant 3 minutes, sans cesser de mélanger. Retirer du feu, filmer au contact et laisser refroidir.

• Monter au batteur la crème fleurette et l'incorporer à la crème refroidie.

CONFECTION DE LA POUDRE DE VANILLE

• Déposer les gousses de vanille sur une plaque et les laisser sécher pendant 3 heures au four à 50 °C. Mixer les gousses et les tamiser. Réserver la poudre obtenue.

RÉALISATION DE LA COMPOTE DE KUMQUATS

• Laver les kumquats et les couper en rondelles. Les ébouillanter et les plonger dans l'eau glacée, à 3 reprises, pour les blanchir.

• Réaliser un sirop en portant l'eau et le sucre à ébullition dans une petite casserole. Ajouter les rondelles de kumquat dans le sirop et laisser confire à feu très doux jusqu'à l'obtention d'une marmelade.

MONTAGE ET FINITION

• À l'aide d'un pinceau, enduire chaque face des cubes de brioche d'un peu de beurre fondu. Les tremper dans le sucre pour les enrober de toutes parts, et les déposer aussitôt dans la poêle chaude. Faire dorer chaque face, puis retirer les cubes de brioche.

• Déposer une brioche sur un lit de crème pâtissière. La surmonter d'une quenelle de glace vanille, disposer harmonieusement des kumquats confits et saupoudrer de vanille.

ÉCRIN IRISH-COFFEE

Pour 8 écrins

La crème vanille montée :

40 cl de crème fleurette

2 gousses de vanille de Madagascar

La ganache Baileys Irish Cream :

40 cl de crème fleurette

600 g de chocolat au lait

2 feuilles de gélatine

10 cl de Baileys Irish Cream

Le parfait café :

80 cl de crème fleurette

80 g de grains de café moka de Sidamo

30 g de sucre semoule

3 cl d'eau

1 blanc d'œuf

30 g de sucre semoule

4 jaunes d'œufs

2 petits œufs

5 feuilles de gélatine

L'écrin de meringue :

7 blancs d'œufs

200 g de sucre semoule

200 g de sucre glace

Le décor :

10 g de cacao en poudre

INFUSION DE VANILLE

• La veille, faire chauffer sans laisser bouillir le tiers de la crème avec les graines des gousses de vanille grattées, ajouter le reste de la crème froide et laisser infuser 24 heures.

INFUSION DE CAFÉ POUR LE PARFAIT

• La veille, moudre les grains de café au mixeur. Mélanger la poudre de café obtenue avec la crème froide et laisser infuser pendant 24 heures.

RÉALISATION DU PARFAIT CAFÉ

• Mettre la gélatine à ramollir dans un bol d'eau froide,

• Réunir dans la cuve d'un robot les œufs entiers et les jaunes et les monter à vitesse rapide jusqu'à ce que le mélange blanchisse. Faire chauffer 3 cl d'eau et 30 g de sucre à 120 °C, verser le sirop sur le mélange aux œufs, et continuer de battre à vitesse rapide jusqu'à complet refroidissement. Ajouter la gélatine essorée au mélange refroidi.

• Battre en neige le blanc d'œuf avec le sucre, et l'incorporer à l'aide d'une maryse.

• Passer l'infusion de café au chinois, la monter au batteur et l'incorporer à la préparation précédente. Couler le tout dans un cadre de 1 cm de hauteur et 20 cm de côté, et réserver au congélateur pendant 2 heures.

CONFECTION DE LA GANACHE AU BAILEYS IRISH CREAM

• Porter la crème fleurette à ébullition, et incorporer la gélatine préalablement ramollie à l'eau froide. Concasser le chocolat au lait dans un cul-de-poule, verser la crème et ajouter la liqueur. Mélanger.

• Couler le tout dans un cadre de 5 mm de hauteur sur 20 cm de côté sur le parfait réalisé précédemment. Réserver au congélateur pendant 2 heures.

PRÉPARATION DE LA MERINGUE

• Préparer une casserole d'eau frémissante (60 °C maximum) pour le bain-marie.

• Réunir dans un cul-de-poule les blancs d'œufs et le sucre semoule, poser l'ensemble sur le bain-marie et monter le tout. Quand la meringue a refroidi, incorporer le sucre glace à l'aide d'une maryse. Mettre la meringue en poche.

RÉALISATION DES ÉCRINS

• Détailler dans une feuille de rhodoïd 2 disques de 12 cm de diamètre pour obtenir le pochoir de 2 écrins. À l'aide d'un cutter, couper 4 bases de 15 cm sur 33 cm et 8 bandelettes de 1,8 cm sur 40 cm.

• Graisser légèrement les bases et les bandelettes en rhodoïd (voir astuce illustrée ci-dessous). Déposer le pochoir des 2 écrins sur une base et pocher de la meringue dessus (1). Lisser à la spatule afin d'ôter toutes les bulles d'air, puis étaler une seconde couche de meringue pour atteindre l'épaisseur souhaitée (2). Retirer le pochoir (3).

• Entourer chacun des 2 disques de meringue très fins obtenus d'une bandelette (4), ajuster les extrémités à la jointure, puis mettre une pointe de meringue pour souder et obtenir un cercle parfait.

• Renouveler l'opération 3 fois avec le pochoir de 2 écrins pour obtenir au final les 8 écrins.

• Préchauffer le four à 50 °C.

• Déposer les écrins sur un Silpat, enfourner et laisser sécher pendant 4 heures.

MONTAGE ET FINITION

• Démouler délicatement les écrins.

• À l'aide d'un emporte-pièce de 11 cm de diamètre, détailler 8 disques dans le parfait à la ganache glacé. Monter la crème vanillée au batteur.

• Sur chaque palet, déposer sur toute la surface, à l'aide d'une cuillère, une couche de crème battue. Poser délicatement dessus un écrin de meringue, en appuyant légèrement afin que la crème comble tout l'espace, puis saupoudrer en partie de cacao.

L'ÉCRIN

- 1 - Pocher la meringue sur les pochoirs.

- 2 - Lisser puis répéter l'opération.

- 3 - Retirer le pochoir.

- 4 - Entourer chaque disque de meringue d'une bandelette.

BABA PÊCHE

Pour 8 babas

Les pêches confites :

5 pêches blanches
50 cl d'eau
20 cl de lait d'amande
200 g de sucre glace
200 g de crème de pêche

La pâte à baba :

100 g de farine
1 g de sel
30 g de beurre
4 g de levure
4 g de miel
2 gros œufs

Le sirop d'imbibage :

60 cl d'eau
110 g de sucre semoule
6 cl de sirop de pêche

Le nappage :

4 cl d'eau
1 g de pectine
12 g de sucre semoule
6 g de sirop de glucose

Le sorbet de pêche blanche :

1 kg de pêches blanches
100 g de sucre glace
50 g de crème de pêche

La meringue franco-suisse :

3 blancs d'œufs
100 g de sucre semoule
100 g de sucre glace

La marmelade de pêche blanche :

500 g de pêches
10 g d'agar-agar
10 g de crème de pêches

Le coulis de pêche :

1 kg de pêches
300 g de sirop de pêche

La poudre de pêche :

La peau de 5 pêches blanches
1 pêche

RÉALISATION DES PÊCHES CONFITES

• La veille, porter à ébullition l'eau, le lait d'amande et le sucre glace. Ajouter la crème de pêche hors du feu en mélangeant intimement et laisser refroidir. En mettre de côté 6 cl pour le sirop d'imbibage des babas.

• Laver les pêches et sans les peler les ouvrir en deux. Puis couper chaque oreillon d'abord en quatre et chaque quartier en trois. Mettre sous vide les morceaux de pêche avec le sirop de pêche, dans un sachet adapté, et réserver pendant 24 heures le temps que les fruits s'imprègnent de sirop.

RÉALISATION DU SORBET DE PÊCHE BLANCHE

• La veille, peler et dénoyauter les pêches blanches, les couper en morceaux et les déposer dans un plat. Ajouter le sucre glace et la crème de pêche, mélanger intimement et laisser maturer au réfrigérateur durant une nuit.

• Le jour même, mixer les pêches et verser l'appareil en sorbetière. Turbiner et réserver au congélateur jusqu'à utilisation.

RÉALISATION DE LA MERINGUE FRANCO-SUISSE

• Préparer un bain-marie en faisant chauffer une casserole d'eau à 60 °C. Réunir dans un cul-de-poule les blancs d'œufs et le sucre, poser l'ensemble sur la casserole et fouetter en incorporant de l'air jusqu'à ce que le sucre soit dissous (goûter pour vérifier que le grain ne craque plus sous la dent). Retirer du bain-marie, et faire refroidir au batteur en montant les blancs. À l'aide d'une maryse, incorporer progressivement le sucre glace tamisé.

• Préchauffer le four à 50 °C. Découper dans une feuille de papier guitare 24 pochoirs en forme de trapèze, de 6 cm de long. Les déposer sur une feuille de papier sulfurisé, puis, à l'aide d'un pinceau, étaler dessus la meringue franco-suisse. Placer le papier sulfurisé dans une gouttière pour obtenir une forme incurvée, enfourner et laisser sécher pendant 2 heures.

CONFECTION DES BABAS

• Réunir dans la cuve d'un batteur muni du crochet la farine, le sel et la levure tamisés, ainsi que le miel. Pétrir en ajoutant progressivement les œufs jusqu'à ce que la pâte se décolle des parois de la cuve. Finir par le beurre et continuer de pétrir jusqu'à ce que la pâte se décolle de la cuve. Répartir la pâte obtenue dans des moules demi-sphère en silicone de 6 cm de diamètre. Filmer et laisser pousser pendant 1 h 30 à température ambiante (28 °C).

CUISSON DES BABAS

• Préchauffer le four à 180 °C. Quand les babas ont bien levé, enfourner et faire cuire pendant 15 minutes à 180 °C, puis pendant 20 minutes à 160 °C. Les sortir et les laisser refroidir avant de les démouler sur grille.

CONFECTION DE LA MARMELADE DE PÊCHE

• Peler les pêches (en gardant la peau de 5 fruits pour réaliser la poudre) et retirer le noyau, puis les couper en gros quartiers. Les passer à la centrifugeuse. Faire chauffer cette purée de pêches à 30 °C, verser l'agar-agar en pluie et porter à ébullition. Laisser totalement refroidir avant de mixer.

CONFECTION DE LA POUDRE DE PÊCHE

• Déposer les peaux de pêche sur une plaque et laisser sécher pendant 4 heures au four à 60 °C. Laisser refroidir totalement avant de mixer. Passer au chinois et réserver la poudre obtenue.

CONFECTION DU COULIS DE PÊCHES

• Peler les pêches, les dénoyauter et les couper en morceaux. Les mettre dans un cul-de-poule avec le sirop de pêche et les mixer en coulis.

CONFECTION DU SIROP D'IMBIBAGE

• Porter à ébullition l'eau et le sucre, puis ajouter le sirop de pêche mis de côté. Filtrer puis faire chauffer jusqu'à léger frémissement (60 °C). À l'aide d'une louche, en arroser généreusement et à plusieurs reprises les babas : l'imbibage doit être homogène et bien réparti.

RÉALISATION DU NAPPAGE

• Faire chauffer l'eau avec la moitié du sucre et le sirop de glucose. Quand le sirop atteint 45 °C, ajouter la pectine mélangée avec le restant de sucre, et faire bouillir le tout pendant 1 minute.

MONTAGE ET FINITION

• Sur l'assiette, déposer un peu de pêches confites liées au coulis. Ajouter un peu de marmelade de pêche et placer dessus 2 babas préalablement nappés et ajouter 2 quenelles de sorbet à la pêche.
Saupoudrer de poudre de pêche et surmonter l'ensemble de 3 copeaux de meringue et quelques petits quartiers de pêches fraîches.

PAVLOVA AUX FRUITS ROUGES

Pour 8 pavlovas

La chantilly vanille :

35 cl de crème fleurette

30 g de sucre glace

1 gousse de vanille de Madagascar

Les pavlovas :

12 blancs d'œufs

30 g de fécule de pomme de terre

300 g de sucre semoule

300 g de sucre glace

Le coulis de fruits rouges :

200 g de fraises

200 g de framboises

100 g de mûres

100 g de myrtilles

30 g de groseilles

Les fruits :

100 g de fraises

100 g de framboises

50 g de mûres

50 g de myrtilles

20 g de fraises des bois

Le sorbet de fruits rouges :

400 g de fraises

400 g de framboises

100 g de mûres

100 g de myrtilles

45 cl d'eau

150 g de sucre semoule

7 g de stabilisateur

110 g de glucose atomisé (poudre)

Le décor :

20 fraises des bois

1 barquette de pousses de shiso vert

RÉALISATION DE L'INFUSION DE VANILLE

• La veille, faire chauffer la moitié de la crème avec le sucre glace et la gousse de vanille fendue en deux et grattée. Verser sur le reste de la crème, mélanger, filmer et laisser infuser pendant 24 heures au frais.

PRÉPARATION DU SORBET DE FRUITS ROUGES

• La veille, laver brièvement les fruits, les réunir dans un cul-de-poule. Faire chauffer l'eau et 120 g de sucre à 40 °C, puis ajouter le glucose atomisé et le stabilisateur avec le restant de sucre et porter à ébullition. Verser le liquide chaud sur les fruits et mixer. Laisser maturer au réfrigérateur durant une nuit.

RÉALISATION DU SORBET DE FRUITS ROUGES

• Le jour même, verser l'appareil aux fruits rouges en sorbetière et turbiner. Réserver au congélateur jusqu'à utilisation.

RÉALISATION DES PAVLOVAS

• Préparer une casserole d'eau frémissante (60 °C maximum) pour le bain-marie. Réunir dans un cul-de-poule les blancs d'œufs, le sucre semoule et la fécule, poser l'ensemble sur le bain-marie et fouetter le tout jusqu'à ce que le sucre soit fondu. Retirer alors le cul-de-poule et le déposer dans de la glace, en continuant de fouetter jusqu'à ce que la meringue devienne lisse et brillante et tienne parfaitement : elle ne doit pas tomber du récipient si on le retourne.

• À l'aide d'une maryse, incorporer le sucre glace.

• Préchauffer le four à 120 °C.

• Mettre la meringue dans une poche munie d'une douille de 14 mm et dresser 24 boules sur une plaque à pâtisserie. Puis avec une douille de 10 mm, pocher 16 petites boules. Enfourner et faire cuire, four entrouvert, pendant 20 minutes. Sortir les pavlovas et les laisser refroidir sur une grille.

CONFECTION DU COULIS DE FRUITS ROUGES

• Laver brièvement les fraises, les équeuter et couper les plus grosses en morceaux ; égrapper les groseilles. Réunir tous les fruits rouges dans un cul-de-poule et les mixer en coulis.

PRÉPARATION DES FRUITS

• Laver brièvement les fraises et les équeuter. Couper les fruits en deux ou en quatre selon leur grosseur, puis les lier avec le coulis de fruits rouges.

DRESSAGE ET FINITION

• Couper les fraises des bois en deux. Passer la crème vanillée au chinois et la battre en chantilly. La mettre dans une poche à douille.

• Au fond de l'assiette, déposer un peu de fruits rouges liés au coulis. Disposer dessus 3 pavlovas surmontées d'une quenelle de sorbet. Pocher 3 rosaces de chantilly vanille et décorer de demi-fraises des bois et de pousses de shiso.

VACHERIN POMME VERTE-SHISO

Pour 8 personnes

Le crémeux de shiso :

20 cl de lait entier
20 cl de crème fleurette
6 jaunes d'œufs
80 g de sucre semoule
2 feuilles de gélatine
20 grandes feuilles de shiso vert

Les billes de pomme sous vide :

50 cl d'eau
100 g de sucre semoule
5 cl de jus de citron
4 pommes granny-smith
60 cl de sirop de pomme

La marmelade de pomme verte :

250 g de pommes granny smith
2 cl de jus de citron jaune
5 g d'agar-agar

Le sorbet de pomme verte :

500 g de purée de pommes granny smith
40 cl d'eau
100 g de sucre semoule
90 g de glucose atomisé (poudre)
4 g de stabilisateur
30 g de manzana (liqueur de pomme verte)

La poudre de shiso :

1 barquette de grandes feuilles de shiso vert

La meringue franco-suisse :

3 blancs d'œufs
100 g de sucre semoule
100 g de sucre glace

Les blancs vaporeux :

4 blancs d'œufs
40 g de sucre semoule

Le décor :

2 pommes granny smith
1 barquette de pousses de shiso rouges

LE MONTAGE DU VACHERIN

- 1 -

Disposer la quenelle de sorbet, les billes de pomme et le blanc vaporeux.

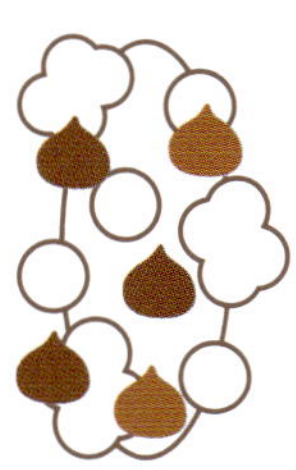

- 2 -

Déposer le crémeux de shiso et la marmelade.

- 3 -

Terminer avec les brisures de meringue, les tranches de pomme, la poudre et les pousses de shiso.

INFUSION DE SHISO

• La veille, faire chauffer le lait et la moitié de la crème avec les feuilles de shiso. Ajouter la crème restante, mélanger et laisser infuser pendant 24 heures au réfrigérateur.

RÉALISATION DES BILLES DE POMME SOUS VIDE

• La veille, porter à ébullition l'eau et le sucre, puis ajouter le jus de citron. Filtrer le sirop et le faire chauffer jusqu'à léger frémissement (60 °C).

• Éplucher les pommes et réaliser des billes à l'aide d'une cuillère parisienne. Mettre ces billes de pomme avec le sirop tiède sous vide, dans un sachet adapté. Réserver durant une nuit au réfrigérateur.

PRÉPARATION DU SORBET DE POMME VERTE

• La veille, faire chauffer l'eau et 80 g de sucre à 40 °C, puis ajouter le glucose atomisé et le stabilisateur avec le restant de sucre et porter à ébullition. Verser le liquide chaud sur la purée de pommes, ajouter la manzana et mixer. Laisser maturer au réfrigérateur durant une nuit.

RÉALISATION DU SORBET DE POMME VERTE

• Le jour même, verser l'appareil à la pomme verte en sorbetière et turbiner. Réserver au congélateur jusqu'à utilisation.

RÉALISATION DE LA MARMELADE DE POMME VERTE

• Laver les pommes, les couper en gros quartiers et sans les peler les passer à la centrifugeuse. Mélanger aussitôt avec le jus de citron pour éviter toute oxydation et faire chauffer à 40 °C. Verser l'agar-agar en pluie et porter à ébullition. Laisser totalement refroidir avant de mixer.

CONFECTION DU CRÉMEUX DE SHISO

• Faire chauffer la crème infusée puis la mixer. Passer cette crème au shiso au chinois. Mettre la gélatine à ramollir dans un bol d'eau froide.

• Dans un cul-de-poule, fouetter les jaunes d'œufs et le sucre jusqu'à ce que le mélange blanchisse. Verser dessus la crème au shiso, mélanger et porter à ébullition. Arrêter la cuisson au premier bouillon. Incorporer la gélatine essorée et mélanger jusqu'à ce qu'elle soit complètement fondue. Mixer pour homogénéiser le crémeux, filmer au contact et réserver au frais. Lisser avec le fouet avant utilisation.

CONFECTION DE LA POUDRE DE SHISO

• Ébouillanter les feuilles de shiso puis les plonger aussitôt dans l'eau glacée pour les blanchir. Les déposer sur une plaque et laisser sécher pendant 4 heures au four à 60 °C. Laisser refroidir totalement avant de mixer. Passer au chinois et réserver la poudre obtenue.

RÉALISATION DE LA MERINGUE FRANCO-SUISSE

• Préparer un bain-marie en faisant chauffer une casserole d'eau à 60 °C. Réunir dans un cul-de-poule les blancs d'œufs et le sucre semoule, poser l'ensemble sur la casserole et fouetter en incorporant de l'air jusqu'à ce que le sucre soit dissous (goûter pour vérifier que le grain ne craque plus sous la dent). Retirer du bain-marie, et faire refroidir au batteur en montant les blancs. À l'aide d'une maryse, incorporer progressivement le sucre glace tamisé.

• Préchauffer le four à 50 °C.

• Étaler la meringue sur une feuille de papier guitare légèrement graissée et lisser à la spatule à 0,5 cm d'épaisseur. Enfourner et laisser sécher pendant 2 heures.

• Lorsque la meringue est froide, la briser en morceaux. Puis poncer les bords de chaque éclat avec une râpe à pâtisseire très fine.

RÉALISATION DES BLANCS VAPOREUX

• Battre les blancs d'œufs avec le sucre dans un cul-de-poule jusqu'à l'obtention d'une texture mousseuse. Couler dans des moules en silicone demi-sphériques de 2,5 cm de diamètre et faire cuire pendant 8 minutes au four vapeur à 85 °C. Réserver au frais.

MONTAGE ET FINITION (voir astuce illustrée en page 115)

• Déposer sur l'assiette 1 quenelle de sorbet. Dessus, disposer harmonieusement des billes de pomme et des blancs vaporeux (1), puis de la marmelade de pomme verte et le crémeux (2). Déposer enfin des brisures de meringue, saupoudrez de shiso en poudre et décorer avec de fines tranches de pomme verte fraîche et des pousses de shiso rouge (3).

Ma technique

Pour redonner de la souplesse au crémeux de shiso avant d'en garnir le fond de tarte, il faut le lisser au préalable, c'est-à-dire le battre vigoureusement à l'aide d'un fouet pour le rendre parfaitement homogène.

MARACUJA

Pour 8 personnes

Le sorbet de mangue :

1 kg de mangues
50 cl d'eau
200 g de sucre semoule
150 g de glucose atomisé (poudre)
10 g de stabilisateur
30 g de feuilles de coriandre

L'insert mangue-Passion :

125 g de purée de fruits de la Passion
125 g de purée de mangues
5 g d'agar-agar
4 g de feuilles de coriandre

Le blanc vaporeux :

16 blancs d'œufs
200 g de sucre semoule

La meringue franco-suisse :

7 blancs d'œufs
200 g de sucre semoule
200 g de sucre glace

La marmelade mangue-Passion :

3 mangues
3 fruits de la Passion
250 g d'insert mangue-Passion

Le décor :

1 barquette de pousses de coriandre

Ma technique

La légèreté de la meringue franco-suisse tient au fait qu'elle se réalise en deux temps : un chauffage au bain-marie qui permet de dissoudre les grains de sucre ; puis le fouettage des blancs d'œufs jusqu'à refroidissement, hors du bain-marie, qui permet d'apporter beaucoup d'air et de volume.

RÉALISATION DE LA MERINGUE FRANCO-SUISSE

• La veille, préparer un bain-marie en faisant chauffer une casserole d'eau à 60 °C. Réunir dans un cul-de-poule les blancs d'œufs et le sucre, poser l'ensemble sur la casserole et fouetter en incorporant de l'air jusqu'à ce que le sucre soit dissous (goûter pour vérifier que le grain ne craque plus sous la dent). Retirer du bain-marie, et faire refroidir au batteur en montant les blancs. À l'aide d'une maryse, incorporer progressivement le sucre glace tamisé.

• Mettre dans une poche à douille de 6 mm et, sur une feuille de rhodoïd légèrement graissée, pocher des bâtons de meringue. Les laisser sécher durant une nuit à l'air dans un endroit sec.

• Lorsque les meringues sont bien sèches, les hacher en bâtonnets de 0,5 cm environ.

PRÉPARATION DU SORBET DE MANGUE

• La veille, peler et dénoyauter les mangues, prélever la chair et la couper en dés dans un cul-de-poule. Faire chauffer l'eau et 170 g de sucre à 40 °C, puis ajouter le glucose atomisé et le stabilisateur avec le restant de sucre. Porter à ébullition et verser le liquide chaud sur les dés de mangue. Mixer avec les feuille de coriandre prélablement blanchies, puis laisser maturer au réfrigérateur durant une nuit.

RÉALISATION DU SORBET DE MANGUE

• Le jour même, verser l'appareil à la mangue en sorbetière et turbiner. Couler la préparation dans un cadre de 1 cm de hauteur et réserver au congélateur jusqu'à utilisation.

CONFECTION DE L'INSERT MANGUE-PASSION

• Faire chauffer les purées de mangue et de fruits de la Passion à 40 °C, verser l'agar-agar en pluie et porter à ébullition. Laisser totalement refroidir. Mixer avec les feuilles de coriandre. Réserver à température ambiante.

CONFECTION DES BLANCS VAPOREUX

• Battre les blancs d'œufs avec le sucre dans un cul-de-poule jusqu'à l'obtention d'une texture mousseuse. Couler dans un cadre de 1 cm de hauteur. Faire cuire pendant 6 minutes au four vapeur à 70 °C.

PRÉPARATION DE LA MARMELADE MANGUE-PASSION

• Éplucher les mangues et tailler la chair en cubes. Couper les fruits de la Passion en deux et récupérer leur pulpe avec une cuillère. La mélanger dans un cul-de-poule avec la chair de mangue et l'insert mangue-Passion.

MONTAGE ET FINITION

• À l'aide d'un emporte-pièce de 7 cm, prélever 8 disques dans le sorbet de mangue.

• Dans le blanc vaporeux, faire 8 palets avec un emporte-pièce de 6,5 cm de diamètre. Les recouvrir de bâtonnets de meringue, puis ajourer le centre à l'aide d'un emporte-pièce de 3,5 cm. Déposer sur chaque disque de sorbet un palet de blanc vaporeux et remplir le cœur de marmelade mangue-Passion. Décorer de pousses de coriandre.

MILLEFEUILLE AU BLÉ NOIR ET À LA VANILLE DE MADAGASCAR

Pour 8 personnes

Le kouign-amann:
400 g de farine T45
130 g de farine de sarrasin
15 g de fleur de sel
10 g de levure de boulanger
30 cl d'eau
500 g de beurre
350 g de sucre semoule
100 g de muscovado

La crème diplomate:
20 cl de lait entier
2 jaunes d'œufs
30 g de sucre semoule
4 g de poudre à crème
10 g de farine T55
1 gousse de vanille de Madagascar
1 feuille de gélatine
4 cl de crème fleurette froide

La poudre de vanille :
Quelques gousses de vanille Madagascar

Le décor :
Sucre glace

CONFECTION DE LA CRÈME DIPLOMATE

• Mettre la gélatine à ramollir dans un bol d'eau froide.

• Dans un cul-de-poule, mélanger les jaunes d'œufs, le sucre et la poudre à crème.

• Porter le lait à ébullition avec la vanille dans une petite casserole. Passer au chinois et verser sur le mélange aux œufs. Remettre dans la casserole et faire bouillir le tout pendant 3 minutes. Retirer la gousse, ajouter la gélatine essorée et mélanger jusqu'à ce qu'elle soit complètement fondue. Filmer au contact et réserver au réfrigérateur pendant 2 heures.

CONFECTION DE LA POUDRE DE VANILLE

• Déposer les gousses de vanille sur une plaque et les laisser sécher pendant 3 heures au four à 50 °C. Mixer les gousses et les tamiser. Réserver la poudre obtenue.

RÉALISATION DU KOUIGN-AMANN

• Réunir dans la cuve d'un batteur muni du crochet les deux farines tamisées, la fleur de sel, la levure, le beurre coupé en morceaux et l'eau. Mélanger pendant 6 minutes à vitesse lente. Retirer la pâte, lui donner une forme carrée et la mettre pendant 30 minutes au congélateur avant de la réserver 1 heure au réfrigérateur.

• Mixer le sucre avec le sucre muscovado pour bien les lier.

• Sortir la pâte et donner deux tours simples, c'est-à-dire l'étaler sur le plan de travail légèrement fariné puis la replier trois fois sur elle-même, en la laissant 1 heure au réfrigérateur entre chaque tour. Donner de nouveau deux tours simples en incorporant cette fois le mélange de sucres (en réserver un peu).

• Sur le plan de travail, étaler la pâte à 1 cm d'épaisseur, parsemer dessus le reste de mélange de sucres, puis rouler en serrant bien.
• Filmer le rouleau de pâte et le réserver pendant 30 minutes au congélateur, le temps que la pâte durcisse.

• Détailler le rouleau de pâte en rondelles de 3 mm d'épaisseur. Placer ces arlettes entre 2 feuilles de papier sulfurisé et les faire cuire pendant 1 minute à 190 °C dans une machine à panini.

MONTAGE ET FINITION

Monter au batteur la crème fleurette et l'incorporer à la crème refroidie. Mettre la crème pâtissière en poche. Pocher 4 ou 5 traits de crème pâtissière dans l'assiette et couvrir d'une arlette. Renouveler l'opération 3 fois en terminant par une arlette. Saupoudrer de sucre glace et de vanille en poudre.

12 H 30 LA PARENTHÈSE SALÉE

À l'heure du déj', nos boutiques s'animent encore d'ondes positives. Des collègues qui s'apprécient viennent y faire leur pause, et déguster nos soupes, nos quiches et sandwichs servis au mètre, nos salades vegan. Cuisinier de formation, je suis conscient que le salé, c'est l'essentiel, le sucré ne vient toujours qu'après. Nous nous appliquons beaucoup sur cette offre. Certains produits sont bio, comme le poulet des sandwichs, qui a grandi dans des conditions idéales. Je suis persuadé que ça joue dans les émotions gustatives. Mais surtout, les herbes sont très présentes, elles constituent d'ailleurs le dénominateur commun entre nos propositions sucrées et salées, notre identité. Estragon, verveine, shiso, coriandre : elles apportent la fraîcheur.

PAIN

Pour 8 personnes

36 cl d'eau
12 g de levure de boulanger
1,8 cl d'huile d'olive
9 g de sel
600 g de farine
Huile d'olive pour badigeonner la pâte

Pour le sandwich au poulet :

20 g de graines de sésame
20 g de graines de pavot

Pour le sandwich végétarien :

20 g de graines de tournesol
20 g de pâte d'olives

CONFECTION DU PAIN

• Diluer l'eau et la levure dans un bol. Verser le liquide dans la cuve d'un robot à pâtisserie muni du crochet, ajouter la farine tamisée et pétrir à vitesse lente pendant 4 minutes. Ajouter l'huile d'olive puis le sel et pétrir pendant 3 minutes à vitesse moyennement rapide. Laisser lever pendant 10 minutes à température ambiante (maximum 28°C).

• Dégazer la pâte, c'est-à-dire la taper énergiquement avec la paume de la main de façon à en chasser les bulles l'air, former une boule et laisser lever de nouveau pendant 10 minutes.

• Sur une plaque à pâtisserie tapissée de papier cuisson, façonner la pâte en un rectangle de 55 cm sur 11 cm. Laisser pousser pendant 25 minutes à température ambiante (maximum 28°C).

• Préchauffer le four à 210°C.

• Lorsque la pâte a bien levé, la badigeonner d'huile d'olive à l'aide d'un pinceau.

• Pour réaliser le pain du sandwich au poulet, parsemer dessus les graines de sésame et de pavot.

• Pour réaliser le pain du sandwich végétarien, répartir la pâte d'olives et parsemer les graines de tournesol.

• Enfourner et faire cuire pendant 12 minutes. Réserver sur une grille jusqu'à utilisation.

SANDWICH VÉGÉTARIEN

Pour 8 personnes

Le pain :

Voir recette page 125

Le pesto rouge :

200 g de tomates
100 g de tomates cerises
12 g de piment d'Espelette
130 g d'oignon rouge
½ gousse d'ail
2 cl d'huile d'olive
30 g de cerneaux de noix
130 g de poivron rouge
60 g de tomates confites
20 g d'olives noires dénoyautées
5 g de sel
2 g de poivre
0,8 cl de vinaigre de xérès

Les légumes :

1 poivron rouge
1 poivron vert
1 aubergine
1 courgette
50 g d'olives noires dénoyautées
50 cl d'huile d'olive
1 botte de basilic

La garniture :

100 g de tomates cerises
1 botte de basilic
1 batavia
30 g de câpres
1 botte de cébettes
100 g de tomates confites

PRÉPARATION DES LÉGUMES

• La veille, faire griller les poivrons et l'aubergine pendant 20 minutes au four à 180 °C. Couper la courgette en deux, l'épépiner, puis la blanchir à l'eau salée.

• Tailler les poivrons, l'aubergine et la courgette en lamelles, les réunir dans un plat avec les olives, le basilic effeuillé et l'huile d'olive. Filmer et laisser mariner pendant 12 heures au réfrigérateur.

RÉALISATION DU PESTO ROUGE

• Faire revenir le piment, les oignons et l'ail dans une poêle avec l'huile d'olive. Les mettre dans le bol d'un blender avec les autres ingrédients et mixer jusqu'à l'obtention d'une pâte.

PRÉPARATION DE LA GARNITURE

• Couper les tomates cerises en deux. Tailler la batavia en lanières, les passer brièvement sous l'eau et les essorer. Couper les câpres et les tomates confites en lamelles. Émincer les cébettes et effeuiller le basilic.

MONTAGE ET FINITION

• Couper le pain en deux dans la longueur et étaler une couche de pesto rouge sur chaque moitié. Déposer les feuilles de batavia et les tomates-cerises sur la moitié inférieure. Mélanger les légumes marinés avec le reste de pesto rouge, puis les répartir sur le pain. Ajouter les câpres, les cébettes, les feuilles de basilic et les tomates confites. Refermer avec la seconde moitié de pain.

SANDWICH AU POULET

Pour 8 personnes

Le pain :
Voir recette page 125

Le pesto d'estragon :
50 cl d'huile d'olive
4 bottes d'estragon
2 g de sel
2 g de poivre

La mayonnaise aux câpres et à l'estragon :
2 jaunes d'œufs
1 cuil. à soupe de moutarde de Dijon
10 cl d'huile d'arachide
0,5 cl de vinaigre de xérès
1 botte d'estragon
10 g de câpres
2 g de sel
2 g de poivre

Le poulet rôti :
1 poulet bio entier
1 échalote
1 gousse d'ail
20 g de thym frais
25 g de beurre demi-sel
15 g de moutarde de Dijon
2 g de sel
2 g de poivre
3 cl d'huile d'arachide

La garniture :
100 g de tomates cerises
50 g de cornichons
1 romaine
20 g de câpres
100 g de tomates confites
50 g de roquette
50 g de frisée

RÉALISATION DU PESTO D'ESTRAGON

• Réunir tous les ingrédients dans le bol d'un blender et mixer.

CONFECTION DE LA MAYONNAISE AUX CÂPRES ET À L'ESTRAGON

• Effeuiller l'estragon, le laver brièvement puis ciseler les feuilles. Ciseler également les câpres.

• Dans un cul-de-poule étroit, mettre les jaunes d'œufs, la moutarde, le sel et le poivre, puis battre avec un fouet en incorporant petit à petit l'huile d'arachide. Serrer la mayonnaise avec le vinaigre de xérès.

• Une fois montée, ajouter l'estragon et les câpres ciselés. Filmer et réserver la mayonnaise au frais jusqu'à utilisation.

PRÉPARATION ET CUISSON DU POULET

• Préchauffer le four à 190 °C.

• Farcir le poulet avec l'échalote, la gousse d'ail entière et le thym frais.

• Fouetter le beurre dans un cul-de-poule jusqu'à l'obtention d'une pommade, et le mélanger avec la moutarde, le sel et le poivre. Insérer le mélange sous la peau du poulet. Déposer le poulet dans un plat à rôtir, puis à l'aide d'un pinceau, le badigeonner d'huile d'arachide.

• Enfourner et faire cuire pendant 1 heure, en arrosant régulièrement à partir de la mi-cuisson.

• Après cuisson, décortiquer le poulet, retirer la peau et tailler grossièrement la chair. Filmer et réserver les morceaux de poulet au frais.

PRÉPARATION DE LA GARNITURE

• Couper les tomates cerises et les cornichons en deux. Effeuiller la romaine et la couper en lanières. Laver brièvement les salades, bien les essorer.

• Émincer les câpres et les tomates confites.

MONTAGE ET FINITION

• Couper le pain en deux dans la longueur et badigeonner chaque moitié de pesto d'estragon. Déposer les feuilles de romaine, les tomates cerises et les cornichons sur la moitié inférieure. Mélanger le poulet à la mayonnaise et l'ajouter dessus, ainsi que les câpres et les tomates confites. Terminer par la roquette et la frisée et refermer avec la seconde moitié de pain.

ROULÉS À L'OLIVE NOIRE DU PÉLOPONNÈSE

Pour 10 personnes

La pâte à croissants :

4 cl de lait entier
5 g de levure de boulanger
6 cl d'eau
26 g de poudre de lait à 26 %
4 g de fleur de sel
30 g de sucre semoule
15 g de beurre mou
200 g de farine
140 g de beurre

La crème de noix de pécan :

55 g de beurre
55 g de sucre glace
55 g de poudre de noix de pécan
5 g de poudre à crème
½ œuf
1 cl de rhum

La garniture :

50 g de noix de pécan hachées
50 g d'olives noires concassées
100 g de tapenade d'olives noires

PLIER LE ROULÉ

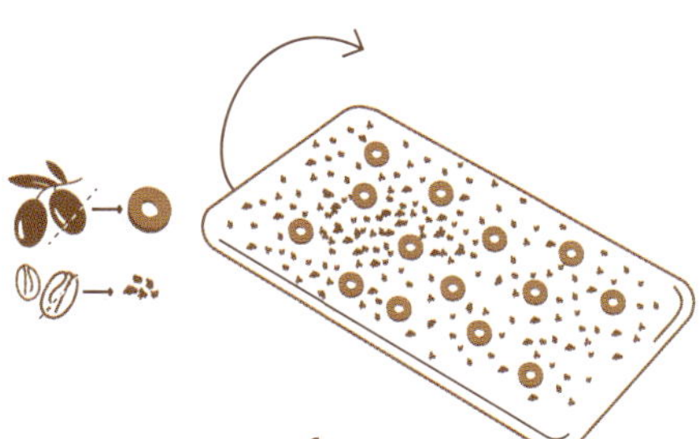

- 1 -
Disposer la garniture sur la pâte.

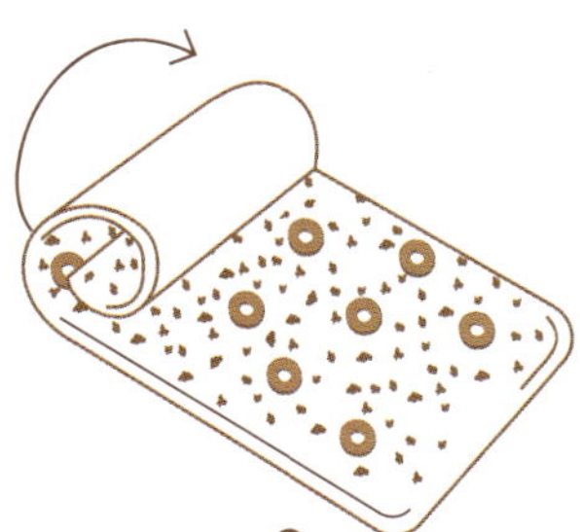

- 2 -
Rouler l'ensemble et réserver 1 heure au réfrigérateur.

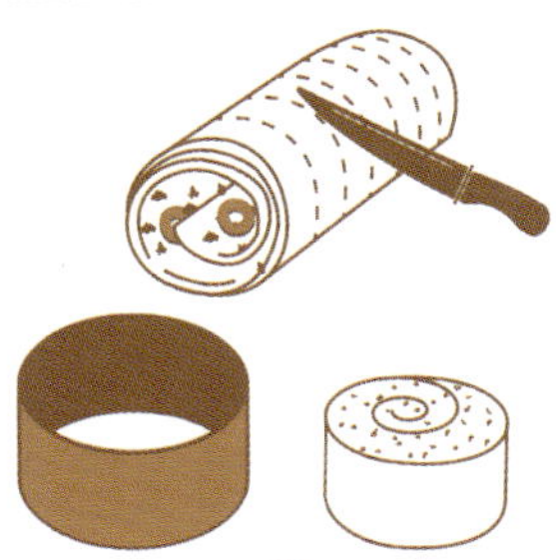

- 3 -
Tailler en rondelles et laisser pousser dans des cercles de 8 cm.

PRÉPARATION DE LA DÉTREMPE

• La veille, faire chauffer le lait à 30 °C, l'ajouter à la levure et mélanger pour bien diluer celle-ci. Mélanger ce liquide avec l'eau, et verser le tout dans la cuve d'un robot à pâtisserie muni du crochet. Ajouter la poudre de lait, la fleur de sel, le sucre, le beurre mou et la farine tamisée. Pétrir pendant 14 minutes jusqu'à l'obtention d'une pâte homogène. La déposer sur une plaque en Inox, entre 2 feuilles de papier guitare ou de papier cuisson, et laisser pousser pendant 1 heure à température ambiante puis pendant au moins 4 heures au frais.

• Dégazer ensuite la pâte, c'est-à-dire la taper énergiquement avec la paume de la main de façon à en chasser les bulles d'air, former une boule et réserver pendant 12 heures au frais.

CONFECTION DE LA CRÈME DE NOIX DE PÉCAN

• Le jour même, mettre le beurre et le sucre glace tamisé dans la cuve du batteur muni de la feuille. Fouetter jusqu'à l'obtention d'une pommade. Ajouter progressivement la poudre de noix de pécan et la poudre à crème, puis l'œuf et enfin le rhum. Filmer et réserver à température ambiante.

CONFECTION DES ROULÉS

• Étaler la pâte en un rectangle de 40 cm sur 15 cm et donner un tour simple, c'est-à-dire étaler le beurre entre 2 feuilles de papier cuisson, en un rectangle de 26 cm sur 15 cm, le déposer sur la pâte à 7 cm du bord supérieur avant de rabattre dessus le haut et le bas de la pâte.

• Réserver pendant 1 heure au réfrigérateur et donner le deuxième tour simple.

• Réserver pendant 1 heure au réfrigérateur et donner le troisième et dernier tour simple.

• Réserver pendant encore 1 heure au frais avant de passer au façonnage.

• Étaler la pâte à croissants sur 2,5 mm d'épaisseur, puis y détailler un rectangle d'environ 60 cm de longueur sur 40 cm de largeur (voir astuce illustrée page précédente).

• Étaler dessus la crème de noix de pécan, puis la tapenade (1). Parsemer de noix de pécan hachées et d'olives concassées, puis rouler l'ensemble. Réserver pendant 1 heure au congélateur (2).

CUISSON DES ROULÉS

• Tailler le rouleau en rondelles de 3,5 cm d'épaisseur. Les mettre dans des cercles de 8 cm de diamètre et laisser pousser pendant 2 heures à température ambiante (maximum 28°C) (3).

• Préchauffer le four à 180 °C.

• Poser les roulés sur une plaque à pâtisserie tapissée de papier cuisson, enfourner et faire cuire pendant 15 minutes. Sortir les roulés du four, les laisser juste tiédir avant de les démouler sur une grille.

FEUILLETÉ SAUMON-SHISO

Pour 8 personnes

Le feuilletage inversé au sarrasin :

160 g de beurre
70 g de farine

La détrempe :

6 cl d'eau
1 goutte de vinaigre
8 g de fleur de sel
50 g de beurre
120 g de farine
40 g de farine de sarrasin

L'appareil :

200 g de crème fraîche épaisse
100 g de comté
50 g de feuilles de shiso
2 cuil. à café de sel
1 cuil. à café de poivre

La garniture :

800 g de saumon frais
1 fenouil
20 g de beurre demi-sel
2 g de sel
1 g de poivre

La finition :

1 jaune d'œuf

PRÉPARATION DU BEURRE MANIÉ ET DE LA DÉTREMPE

• La veille, mélanger intimement le beurre et la farine du feuilletage, étaler entre 2 feuilles de papier sulfurisé en un rectangle de 2 cm de hauteur et réserver au réfrigérateur jusqu'à utilisation.

• Réaliser également la détrempe la veille. Dans la cuve d'un batteur muni du crochet, réunir tous les éléments dans l'ordre donné, puis pétrir jusqu'à l'obtention d'une boule. Former un carré et réserver au réfrigérateur pendant 24 heures.

RÉALISATION DU FEUILLETAGE INVERSÉ AU SARRASIN

• Le jour même, étaler le rectangle de beurre-farine en un carré plus grand que la détrempe, afin de pouvoir y mettre celle-ci. Fermer comme une enveloppe et donner un tour simple en portefeuille. Réaliser cette opération 5 fois en laissant reposer pendant 30 minutes au frais entre chaque tour.

• Étaler la pâte sur 3 mm d'épaisseur en 2 rectangles d'environ 60 cm de longueur et 15 cm de largeur.

CONFECTION DE L'APPAREIL

• Mixer tous les éléments ensemble dans un blender.

PRÉPARATION DE LA GARNITURE

• Tailler le filet de saumon en dés en vérifiant qu'il ne reste pas d'arêtes.

• Laver et parer le fenouil, le couper en dés. Faire fondre le beurre dans une poêle et y faire revenir les dés de fenouil. Saler et poivrer. Incorporer le saumon et le fenouil dans l'appareil.

MONTAGE ET CUISSON

• Déposer le premier rectangle de feuilletage sur une plaque à pâtisserie tapissée de papier cuisson. Mettre la garniture au centre, poser dessus le second rectangle et bien souder les bords. À l'aide d'un pinceau trempé dans le jaune d'œuf battu, dorer tout le feuilleté. Réserver au frais pendant 1 heure.

• Préchauffer le four à 180 °C.

• Dorer une seconde fois le feuilleté à l'œuf battu, puis à l'aide d'un couteau entailler légèrement le dessus. Enfourner la plaque et faire cuire pendant 30 minutes.

QUICHE CHÈVRE FRAIS ET LÉGUMES BIO

Pour 8 personnes

La pâte à quiche:

500 g de farine

250 g de beurre

5 g de sel

3 jaunes d'œufs

10 cl d'eau

10 g de sucre semoule

L'appareil:

8 œufs

200 g de crème fleurette

300 g de crème épaisse à 30 % MG

50 g de feuilles de menthe

2 cuil. à soupe de moutarde de Dijon

1 cuil. à soupe de piment de Cayenne en poudre

1 cuil. à soupe de noix de muscade râpée

2 cuil. à café de sel

1 cuil. à café de poivre

La garniture:

2 brocolis

500 g de carottes

500 g de courgettes

1 bûche de fromage de chèvre de 250 g

1 g de sel

Le décor:

1 carotte en dés

Quelques fleurettes de brocoli

1 courgette en dés

10 sommités de menthe

RÉALISATION DE LA PÂTE À QUICHE

• Réunir tous les éléments dans la cuve d'un batteur muni du crochet et mélanger jusqu'à l'obtention d'une pâte. Former une boule, filmer et réserver pendant 2 heures au réfrigérateur.

• Étaler la pâte sur 3 mm d'épaisseur en un rectangle d'environ 25 cm sur 70 cm. En foncer un moule rectangulaire de 55 cm de longueur sur 11 cm de largeur et 5 cm de hauteur et le réserver pendant 1 heure au congélateur pour une meilleure tenue à la cuisson.

CONFECTION DE L'APPAREIL

• Réunir tous les ingrédients dans le bol d'un blender et mixer.

PRÉPARATION DE LA GARNITURE

• Laver tous les légumes. Tailler les brocolis de façon à obtenir des sommités régulières et avoir une cuisson uniforme. Éplucher puis couper les carottes en biseau. Ouvrir les courgettes en deux, les épépiner puis les détailler en demi-rondelles.

• Porter une casserole d'eau salée à ébullition. Blanchir successivement les sommités de brocoli, les tronçons de carotte et les demi-rondelles de courgette en les ébouillantant puis en les plongeant aussitôt dans l'eau froide. Les égoutter et les laisser refroidir.

• Couper le fromage de chèvre en rondelles.

MONTAGE ET FINITION

• Préchauffer le four à 180 °C.

• Protéger le fond de pâte d'une feuille de papier d'aluminium (côté mat au contact de la pâte), puis recouvrir de billes de cuisson en céramique. Enfourner et faire cuire à blanc pendant 30 minutes à chaleur tournante.

• Retirer les billes de cuisson et la feuille de papier d'aluminium, verser la moitié de l'appareil sur le fond de tarte. Disposer des tranches de fromage de chèvre et les légumes, puis ajouter le reste de l'appareil en veillant à ce qu'il reste 2 cm de libre.

• Enfourner à nouveau pour 35 minutes à 180 °C sur chaleur tournante.

• Après cuisson, démouler la quiche et la décorer de quelques légumes et des sommités de menthe.

CITRONNADE VERVEINE

Pour une carafe de 50 cl

Le sirop de verveine :

10 cl d'eau
50 g de sucre semoule
10 g de verveine

La citronnade :

35 cl d'eau
7 cl de jus de citron jaune
3 cl de jus de citron vert

RÉALISATION DU SIROP DE VERVEINE

• La veille, porter l'eau et le sucre à ébullition, ajouter la verveine et laisser infuser pendant 24 heures.

• Mixer et passer le sirop au chinois.

CONFECTION DE LA CITRONNADE

• Le jour même, mélanger tous les éléments de la citronnade, ajouter le sirop de verveine et verser en carafe.

JUS DÉTOX CONCOMBRE CITRON VERT-SHISO

Pour une carafe de 50 cl

Le sirop de shiso :

5 cl d'eau

25 g de sucre semoule

5 g de grandes feuilles de shiso vert

Le jus détox :

1 concombre

30 cl de sirop de shiso

5 cl de jus de citron vert

2 zestes de citron vert

RÉALISATION DU SIROP DE SHISO

• La veille, porter l'eau et le sucre à ébullition, ajouter les feuilles de shiso et laisser infuser pendant 24 heures.

• Mixer et passer le sirop au chinois.

RÉALISATION DU JUS DÉTOX

• Le jour même, éplucher le concombre, le passer à la centrifugeuse afin d'en extraire 40 cl de jus. Mélanger tous les éléments et verser en carafe.

JUS ANANAS GINGEMBRE CORIANDRE

Pour une carafe de 50 cl

Le sirop coriandre-gingembre :
7,5 cl d'eau
37 g de sucre
5 g de feuilles de coriandre
1 g de gingembre frais

Le jus d'ananas :
1 ananas

RÉALISATION DU SIROP CORIANDRE-GINGEMBRE

• La veille, porter l'eau et le sucre à ébullition, ajouter les feuilles de coriandre et le gingembre. Laisser infuser pendant 24 heures.

• Mixer et passer le sirop au chinois.

RÉALISATION DU JUS D'ANANAS

• Le jour même, éplucher l'ananas, le passer à la centrifugeuse de façon à obtenir 40 cl de jus. Ajouter le sirop et verser en carafe

16 H 30 L'HEURE DU GOÛTER : LES GÂTEAUX DE VOYAGE

C'est la sortie des écoles. Deux copines partagent un marbré chocolat-vanille en s'échangeant des ragots. Un papi et une mamie goûtent, avec 50 Cent en musique de fond. D'autres viennent achever chez nous leur journée de travail, profitant du wifi. Il y a des larmes. Des éclats de rire. De la vie ! Tout ce qui me manquait quand j'étais enfermé en cuisine… C'est l'heure des « gâteaux de voyage », des pâtisseries qui ont vocation, cette fois, à durer, jusqu'à 15 jours. On pourra sans souci les terminer le lendemain au petit déj' à la maison. Des gâteaux sans chichis, beaucoup de cakes. Le goût, c'est tout ce qui compte ici. Le secret de nos cakes pour qu'ils soient si moelleux ? Du bon beurre frais. Et ils sont couverts dès leur sortie du four, pour que la mie absorbe la vapeur.

GÂTEAU CARAMEL-AMANDES

Pour 8 personnes

Le gâteau aux amandes :

1 gros œuf
175 g de sucre semoule
2 g de sel
10 g de pâte d'amandes
110 g de farine
10 g de poudre d'amandes
3 g de levure
12 cl de crème fleurette
75 g de beurre
40 g d'amandes concassées

Le crémeux de caramel :

25 g de sucre semoule
15 g de sirop de glucose
5 cl de crème fleurette
1 g de fleur de sel
15 g de beurre
10 g de chocolat au lait
1 feuille de gélatine

Le glaçage :

150 g de pâte à glacer blonde
40 g de chocolat au lait
1,5 cl d'huile de pépins de raisin

Le décor:

20 g d'amandes effilées
20 g d'amandes concassées

Ma technique

Pour redonner de la souplesse au crémeux de caramel avant d'en garnir le cake, il faut le lisser en le battant vigoureusement à l'aide d'un fouet pour le rendre parfaitement homogène.

RÉALISATION DU GÂTEAU

• Faire chauffer le beurre dans une petite casserole jusqu'à ce qu'il prenne une couleur châtain clair et dégage une bonne odeur de noisette.

• Dans un cul-de-poule, réunir l'œuf, le sucre, le sel et les graines de la gousse de vanille fendue et grattée. Fouetter jusqu'à ce que le mélange blanchisse et ajouter la pâte d'amandes. Mélanger, puis verser en pluie la farine et la levure tamisées ensemble, ainsi que la poudre d'amandes et les amandes concassées. Verser la crème, puis le beurre noisette tiède. Mélanger intimement, filmer et réserver au frais jusqu'à utilisation.

CUISSON DU GÂTEAU

• Préchauffer le four à 145 °C.

• À l'aide d'un pinceau, graisser légèrement un moule à cake de 8,5 cm de largeur sur 18 cm de longueur et 7 cm de hauteur, puis le chemiser de papier sulfurisé. (Si vous en avez un, utilisez un moule professionnel, voir l'illustration ci-dessous). Mettre la pâte dans le moule, enfourner et faire cuire de 45 à 50 minutes, à chaleur tournante. Sortir du four et laisser refroidir pendant 5 minutes sur une grille avant de retirer le papier sulfurisé. Laisser reposer pendant 10 minutes puis filmer au contact et réserver pendant 30 minutes au congélateur (voir astuce illustrée ci-dessous).

CONFECTION DU CRÉMEUX DE CARAMEL

• Mettre la gélatine à ramollir dans un bol d'eau froide.

• Faire chauffer la crème avec la fleur de sel (sans bouillir). Réunir dans une casserole le sucre et le sirop de glucose, et faire cuire jusqu'à l'obtention d'un caramel ambré. Verser la crème chaude pour stopper la cuisson. Puis ajouter le chocolat au lait, le beurre et la gélatine essorée. Mixer le tout, filmer au contact et réserver au frais (1).

CONFECTION DU GLAÇAGE

• Réunir la pâte à glacer, le chocolat au lait concassé et l'huile dans un cul-de-poule et faire fondre au bain-marie jusqu'à l'obtention d'un mélange bien lisse.

MONTAGE ET FINITION

• Lisser le crémeux de caramel puis le mettre dans une poche. Sortir le cake du congélateur, le trouer dans la longueur à l'aide d'un tube de 1,5 cm de diamètre (2) et mettre le crémeux de caramel à l'intérieur (3).

• Réchauffer le glaçage à 35 °C, puis à l'aide d'une spatule napper le dessus et les côtés du cake. Parsemer l'ensemble d'amandes concassées et effilées.

• Ce cake peut se conserver une semaine dans une boîte hermétique.

LE MOULE PROFESSIONNEL

LE CRÉMEUX DE CARAMEL

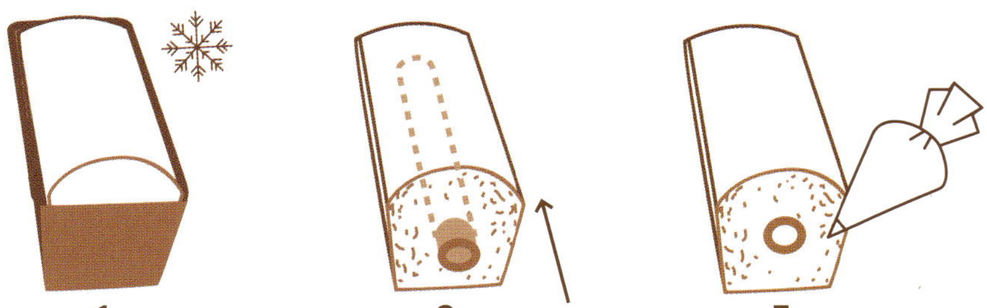

- 1 - Filmer au contact et réserver au congélateur.

- 2 - Trouer le cake dans la longueur (si vous n'avez pas de moule adapté).

- 3 - Mettre le crémeux à l'intérieur du gâteau.

GÂTEAU MARBRÉ CHOCOLAT-VANILLE

Pour 8 personnes

Le gâteau marbré :

90 g de beurre

200 g de sucre semoule

2 g de sel

1 gousse de vanille de Madagascar

1 gros œuf

125 g de farine

3 g de levure chimique

12,5 cl de crème fleurette

15 g de cacao en poudre

1 cl de rhum

Le glaçage :

175 g de pâte à glacer brune

50 g de chocolat au lait

2 cl d'huile de pépins de raisin

La finition :

10 g de fins granulés de chocolat

RÉALISATION DE L'APPAREIL

• Sortir un peu à l'avance l'œuf et le beurre du réfrigérateur et les laisser à température ambiante.

• Dans un cul-de-poule, travailler le beurre à la spatule jusqu'à l'obtention d'une pommade. Ajouter le sucre, le sel et les graines de la gousse de vanille fendue et grattée, et fouetter jusqu'à ce que le mélange blanchisse. Ajouter l'œuf, puis verser en pluie la farine et la levure tamisées ensemble. Verser la crème. Mélanger jusqu'à l'obtention d'une pâte lisse et homogène. Réserver au frais jusqu'à utilisation.

CUISSON DU GÂTEAU MARBRÉ

• Préchauffer le four à 145 °C.

• Peser une partie de la pâte à 300 g et l'autre à 290 g, ajouter le cacao dans cette dernière pâte et mélanger intimement. Mettre en poche les deux pâtes.

• À l'aide d'un pinceau, graisser légèrement un moule à cake de 8,5 cm de largeur sur 18 cm de longueur et 7 cm de hauteur, puis le chemiser de papier sulfurisé. Pocher en alternance des couches de pâte cacao et nature (137 g), en commençant par l'appareil chocolat. Mélanger brièvement le tout à l'aide d'une spatule.

• Enfourner et faire cuire de 45 à 50 minutes, à chaleur tournante. Sortir du four et laisser refroidir pendant 5 minutes sur une grille avant de retirer le papier sulfurisé. Laisser en attente pendant 10 minutes puis imbiber le dessus et les côtés du cake de rhum à l'aide d'un pinceau. Filmer au contact et réserver pendant 30 minutes au congélateur.

CONFECTION DU GLAÇAGE

• Réunir la pâte à glacer, le chocolat au lait concassé et l'huile dans un cul-de-poule et faire fondre au bain-marie jusqu'à l'obtention d'un mélange bien lisse.

FINITION

• Sortir le gâteau du congélateur, le retourner sur une grille et à l'aide d'une spatule étaler une couche de glaçage sur la base. Le laisser ainsi pendant 1 heure sur la grille à température ambiante.

• Réchauffer le glaçage à 33-35 °C, puis à l'aide d'une spatule en napper le dessus et les côtés. Parsemer de granulés de chocolat.

• Ce marbré se conserve une semaine dans une boîte hermétique.

GÂTEAU FRAMBOISES-ESTRAGON

Pour 8 personnes

Le gâteau aux framboises :

90 g de beurre

190 g de sucre semoule

2 g de sel

1 gros œuf

135 g de farine

3 g de levure chimique

12,5 cl de crème fleurette

6 g de feuilles d'estragon

25 g de framboises lyophilisées

La poudre de framboises :

15 g de framboises lyophilisées

Le glaçage au citron :

50 g de sucre glace

2 cl de jus de citron

INFUSION D'ESTRAGON

• La veille, faire chauffer la moitié de la crème fleurette avec les feuilles d'estragon. Ajouter le reste de la crème, mélanger et laisser infuser pendant 24 heures au réfrigérateur.

RÉALISATION DU GÂTEAU

• Le jour même, faire chauffer la crème infusée puis la mixer. Passer cette crème à l'estragon au chinois.

• Dans un cul-de-poule, travailler le beurre à la spatule jusqu'à l'obtention d'une pommade. Ajouter le sucre et le sel. Fouetter jusqu'à ce que le mélange blanchisse, puis ajouter les framboises lyophilisées et l'œuf. Verser en pluie la farine et la levure tamisées ensemble. Ajouter la crème infusée et mélanger jusqu'à l'obtention d'une pâte homogène. Réserver au frais jusqu'à utilisation.

CUISSON DU GÂTEAU

• Préchauffer le four à 145 °C.

• À l'aide d'un pinceau, graisser légèrement un moule à cake de 8,5 cm de largeur sur 18 cm de longueur et 7 cm de hauteur, puis le chemiser de papier sulfurisé. Mettre la pâte dans le moule. Enfourner et faire cuire pendant 45 à 50 minutes, à chaleur tournante. Sortir du four et laisser refroidir pendant 5 minutes sur une grille avant de retirer le papier sulfurisé. Filmer au contact et réserver pendant 30 minutes au congélateur.

CONFECTION DE LA POUDRE DE FRAMBOISES

• Mixer les framboises lyophilisées en fine poudre. Réserver.

CONFECTION DU GLAÇAGE

• Mélanger au fouet le jus de citron jaune et le sucre glace. Réserver.

FINITION

• Préchauffer le four à 170 °C.

• Sortir le gâteau du congélateur et le déposer sur une grille. À l'aide d'une spatule, le napper de glaçage. Enfourner et laisser cuire pendant 2 minutes avant de saupoudrer le dessus de poudre de framboises.

• Ce gâteau peut se conserver une semaine dans une boîte hermétique.

GÂTEAU CITRON VERT ET MENTHE

Pour 8 personnes

Le gâteau citron vert et menthe :
50 g de beurre
200 g de sucre semoule
2 g de sel
Les zestes de 2 citrons verts
1 gros œuf
150 g de farine
2 g de levure chimique
15 cl de crème fleurette
5 g de feuilles de menthe
7 cl de jus de citron vert

La poudre de citron vert :
2 citrons verts

Le glaçage au citron vert :
50 g de sucre glace
2 cl de jus de citron vert

RÉALISATION DE L'APPAREIL

• Sortir un peu à l'avance l'œuf et le beurre du réfrigérateur et les laisser à température ambiante.

• Mixer les restes de citron vert râpés avec la menthe et les ajouter à la pâte. Dans un cul-de-poule, travailler le beurre à la spatule jusqu'à l'obtention d'une pommade. Ajouter le sucre et le sel. Mixer les zestes avec la menthe et les ajouter à la pâte. Fouetter jusqu'à ce que le mélange blanchisse puis ajouter l'œuf. Verser en pluie la farine et la levure tamisées ensemble, incorporer la crème. Mélanger jusqu'à l'obtention d'une pâte lisse et homogène. Réserver au frais jusqu'à utilisation.

RÉALISATION DE LA POUDRE DE CITRON VERT

• Laver les citrons et prélever les zestes à l'aide d'un couteau-économe en veillant à ne pas prendre le ziste (peau blanche). Les déposer sur une plaque et les laisser sécher pendant 1 heure au four à 70 °C. Mixer les zestes et les tamiser. Réserver la poudre obtenue.

CUISSON DU GÂTEAU

• Préchauffer le four à 145 °C.

• À l'aide d'un pinceau, graisser légèrement un moule à cake de 8,5 cm de largeur sur 18 cm de longueur et 7 cm de hauteur, puis le chemiser de papier sulfurisé. Mettre la pâte dans le moule, enfourner et faire cuire de 45 à 50 minutes, à chaleur tournante. Sortir du four et laisser refroidir pendant 5 minutes sur une grille avant de retirer le papier sulfurisé. Laisser en attente pendant 10 minutes, puis, à l'aide d'un pinceau, imbiber le dessus et les côtés de jus de citron vert. Filmer au contact et réserver pendant 30 minutes au congélateur.

CONFECTION DU GLAÇAGE

• Mélanger le jus de citron vert et le sucre glace. Réserver.

FINITION

• Préchauffer le four à 170 °C.

• Sortir le gâteau du congélateur et le déposer sur une grille. À l'aide d'une spatule, le napper de glaçage, puis saupoudrer le dessus de poudre de citron vert. Enfourner et laisser fondre pendant 2 minutes.

Une variante...

Vous pouvez réaliser la version « citron bio » de ce gâteau en retirant la menthe et en utilisant du citron jaune bio à la place du citron vert.

FINANCIERS À LA FLEUR DE SEL

Pour 10 financiers

L'appareil à financiers :

150 g de cassonade

50 g de poudre d'amandes

4 blancs d'œufs

120 g de beurre demi-sel noisette

50 g de farine

1 g de fleur de sel

1 gousse de vanille de Madagascar

RÉALISATION DE LA PÂTE À FINANCIERS

• Faire chauffer le beurre jusqu'à ce qu'il prenne une couleur châtain clair et dégage une bonne odeur de noisette.

• Mélanger intimement dans un cul-de-poule la cassonade, la poudre d'amandes, la farine tamisée, la fleur de sel et les graines de la gousse de vanille fendue et grattée. Ajouter les blancs d'œufs puis le beurre noisette tiède. Mélanger intimement, filmer et réserver au frais.

CUISSON DES FINANCIERS

• Préchauffer le four à 180 °C.

• À l'aide d'une poche à douille, déposer 40 g de pâte dans des moules rectangulaires en silicone de 8 cm sur 2,5 cm. Enfourner et faire cuire pendant 10 minutes. Sortir du four et laisser refroidir sur une grille avant de démouler.

MADELEINES AU CITRON BIO

Pour 10 madeleines

L'appareil à madeleines :

1,5 œuf

65 g de sucre semoule

15 g de miel

3 cl de lait entier

100 g de beurre

100 g de farine T45

5 g de levure chimique

Les zestes de 2 citrons jaunes bio

La compotée de citrons jaunes :

3 citrons jaunes bio

30 cl d'eau

150 g de sucre semoule

La poudre de citron :

2 citrons jaunes

Le glaçage au citron jaune :

100 g de sucre glace

2 cl de jus de citron jaune

RÉALISATION DE L'APPAREIL À MADELEINES

• La veille, faire chauffer le beurre jusqu'à ce qu'il prenne une couleur châtain clair et dégage une bonne odeur de noisette.

• Mélanger l'œuf et le sucre dans un cul-de-poule, verser le lait et le miel, puis ajouter la farine et la levure tamisées. Mélanger intimement, puis incorporer le beurre noisette tiède et les zestes de citron râpés. Mélanger jusqu'à l'obtention d'une pâte homogène. Filmer au contact et réserver au frais pendant 24 heures.

CONFECTION DE LA POUDRE DE CITRON

• Le jour même, laver les citrons et prélever les zestes à l'aide d'un couteau-économe en veillant à ne pas prendre le ziste (peau blanche). Les déposer sur une plaque et les laisser sécher pendant 1 heure au four à 70 °C. Mixer les zestes et les tamiser. Réserver la poudre obtenue.

RÉALISATION DE LA COMPOTÉE DE CITRONS JAUNES

• Ébouillanter les citrons jaunes et les plonger aussitôt dans de l'eau froide pour les blanchir. Renouveler l'opération 5 fois. Hacher finement la peau avec la chair et faire confire dans une casserole à feu doux pendant 2 heures avec l'eau et le sucre.

CONFECTION DU GLAÇAGE

• Mélanger au fouet le sucre glace et le jus de citron jaune. Réserver.

CUISSON DES MADELEINES

• Préchauffer le four à 210 °C.

• À l'aide d'une poche à douille unie, déposer environ 30 g de pâte dans les moules à madeleines. Enfourner et faire cuire pendant 30 secondes à 210 °C, puis abaisser la température à 170 °C et laisser cuire pendant 4 minutes.

• Sans éteindre le four, sortir les madeleines, les démouler et les tremper dans le glaçage citron pour les glacer en les déposant sur une grille tapissée de papier cuisson. Enfourner à nouveau et faire cuire pendant 2 minutes. Parsemer le dessus de poudre de citron jaune et laisser refroidir complètement avant de garnir, à l'aide d'une poche, les madeleines de compotée de citrons.

MADELEINES AUX NOISETTES

Pour 10 madeleines

Le praliné noisette :

100 g de noisettes
50 g de sucre semoule
1 g de fleur de sel

L'appareil à madeleines :

1,5 œuf
65 g de sucre semoule
15 g de miel
3 cl de lait entier
100 g de beurre
100 g de farine T45
5 g de levure chimique
20 g de praliné noisette

Le décor :

Noisettes concassées
Noisettes effilées

RÉALISATION DU PRALINÉ NOISETTE

• La veille, préchauffer le four à 170 °C. Étaler les noisettes sur une plaque à pâtisserie et les faire torréfier pendant 6 minutes.

• Faire chauffer le sucre à sec dans une casserole jusqu'à l'obtention d'un caramel ambré, ajouter les noisettes torréfiées en remuant. Laisser refroidir, puis mixer avec la fleur de sel jusqu'à l'obtention d'une pâte. Réserver jusqu'à utilisation.

RÉALISATION DE L'APPAREIL À MADELEINES

• La veille, faire chauffer le beurre jusqu'à ce qu'il prenne une couleur châtain clair et dégage une bonne odeur de noisette.

• Le jour, même, mélanger l'œuf et le sucre dans un cul-de-poule, verser le lait et le miel, puis ajouter la farine et la levure tamisées ensemble. Mélanger intimement, puis incorporer le beurre noisette tiède et le praliné noisette. Mélanger jusqu'à l'obtention d'une pâte homogène. Filmer au contact et réserver au frais pendant 24 heures.

CUISSON DES MADELEINES

• Préchauffer le four à 210 °C.

• À l'aide d'une poche à douille unie, déposer environ 30 g de pâte dans les moules à madeleines et parsemer sur le dessus des noisettes concassées et effilées. Enfourner et faire cuire pendant 30 secondes à 210 °C, puis abaisser la température à 170 °C et laisser cuire pendant 4 minutes.

• Sortir les madeleines, les démouler et les laisser complètement refroidir avant de les garnir, à l'aide d'une poche à douille, de praliné noisette.

MADELEINES À LA PISTACHE

Pour 10 madeleines

La pâte de pistaches :

100 g de pistaches
1 g de fleur sel

L'appareil à madeleines :

1,5 œuf
65 g de sucre semoule
15 g de miel
3 cl de lait entier
100 g de beurre
100 g de farine T45
5 g de levure chimique
20 g de pâte de pistaches

Le décor :

Pistaches concassées

CONFECTION DE LA PÂTE DE PISTACHES

• La veille, préchauffer le four à 170 °C. Étaler les pistaches sur une plaque à pâtisserie et les faire torréfier pendant 6 minutes. Laisser refroidir, puis mixer avec la fleur de sel jusqu'à l'obtention d'une pâte. Réserver jusqu'à utilisation.

RÉALISATION DE L'APPAREIL À MADELEINES

• La veille, faire chauffer le beurre jusqu'à ce qu'il prenne une couleur châtain clair et dégage une bonne odeur de noisette.

• Mélanger l'œuf et le sucre dans un cul-de-poule, verser le lait et le miel, puis ajouter la farine et la levure tamisées ensemble. Mélanger intimement, puis incorporer le beurre noisette tiède et la pâte de pistaches. Mélanger jusqu'à l'obtention d'un appareil homogène. Filmer au contact et réserver au frais pendant 24 heures.

CUISSON DES MADELEINES

• Le jour même, préchauffer le four à 210 °C.

• À l'aide d'une poche à douille unie, déposer environ 30 g de pâte dans les moules à madeleines et parsemer sur le dessus de brisures de pistache. Enfourner et faire cuire pendant 30 secondes à 210 °C, puis abaisser la température à 170 °C et laisser cuire pendant 4 minutes.

• Sortir les madeleines, les démouler et les laisser complètement refroidir avant de les garnir, à l'aide d'une poche à douille, de pâte de pistaches.

SABLÉS CHOCOLAT-CARAMEL

Pour 10 sablés

La pâte sucrée au chocolat :

35 g de beurre
30 g de sucre glace
1 jaune d'œuf
60 g de farine T55
15 g de cacao en poudre

Le sablé breton :

50 g de beurre demi-sel
20 g de beurre
20 g de sucre glace
½ cuil. à moka de fleur de sel
3 g de jaune d'œuf cuit (obtenu en faisant durcir 1 œuf et en passant le jaune au tamis)
60 g de farine T55
12 g de fécule de pomme de terre

La ganache Caramélia® :

6 cl de crème fleurette
65 g de Caramélia®

Le praliné craquant :

40 g de gianduja
20 g de Feuilletine®
1 g de fleur de sel

Le décor chocolat :

50 g de chocolat noir
10 g de Feuilletine®
10 g de chocolat au lait
1 g de fleur de sel
10 g de granulés fins de chocolat

CONFECTION DE LA PÂTE SUCRÉE AU CHOCOLAT

• Dans la cuve d'un batteur muni de la feuille, mélanger le beurre et le sucre glace tamisé jusqu'à l'obtention d'une pommade. Ajouter le jaune d'œuf, puis la farine et la poudre de cacao tamisées. Mélanger intimement, former une boule de pâte, filmer et réserver pendant 1 heure au réfrigérateur.

• Préchauffer le four à 170 °C.

• Étaler la pâte sur 1,5 mm d'épaisseur, puis à l'aide d'un emporte-pièce de 8 cm de diamètre détailler 10 disques. Enfourner et faire cuire pendant 4 minutes à chaleur tournante.

CONFECTION DU SABLÉ BRETON

• Dans la cuve d'un batteur muni de la feuille, mélanger le beurre demi-sel et le beurre doux avec le sucre glace tamisé jusqu'à l'obtention d'une pommade. Puis ajouter progressivement dans l'ordre la fleur de sel, le jaune d'œuf cuit, la farine et la fécule tamisées. Former une boule de pâte, filmer et réserver pendant 1 heure au réfrigérateur.

• Préchauffer le four à 170 °C.

• Étaler la pâte sur 6 mm d'épaisseur, puis à l'aide d'un emporte-pièce de 8 cm de diamètre détailler 10 disques. Évider ensuite le centre avec un emporte-pièce de 3,5 cm. Mettre les anneaux dans des cercles de 8 cm de diamètre. Enfourner et faire cuire pendant 12 minutes.

RÉALISATION DU PRALINÉ CRAQUANT

• Faire fondre le gianduja, ajouter la Feuilletine® et la fleur de sel. Mélanger intimement. Étaler le praliné craquant entre 2 feuilles de papier sulfurisé sur une épaisseur de 4 mm, puis détailler 10 disques à l'aide d'un emporte-pièce de 3,5 cm.

RÉALISATION DU DÉCOR CHOCOLAT (voir courbe de tempérage p.48)

• Mélanger tous les éléments du décor (sauf le chocolat noir) pour obtenir une panure.

• En vérifiant la température avec un thermomètre de cuisson, faire fondre le chocolat noir à 55 °C, puis abaisser la température à 28 °C avant de remonter à 31 °C. Étaler le chocolat noir au point sur une feuille de papier guitare, parsemer de panure et laisser figer pendant 2 minutes. Puis détailler des disques de 8 cm de diamètre. Réserver pendant 30 minutes à température ambiante avant de décoller les ronds de chocolat de la feuille de papier guitare.

CONFECTION DE LA GANACHE CARAMÉLIA®

• Porter la crème fleurette à ébullition, verser en 3 fois sur le Caramélia®. Mélanger et laisser refroidir.

MONTAGE ET FINITION

• Sur chaque disque de pâte sucrée, déposer un sablé breton et ajouter au centre un rond de praliné craquant. Couvrir de ganache Caramélia® à l'aide d'une poche à douille et surmonter l'ensemble d'un disque de chocolat décor.

Ma technique

Les modifications de température que subit le chocolat noir lui permettent d'être « au point », c'est-à-dire de bien cristalliser et de garder un aspect brillant (voir l'illustration du tempérage page 48).

COOKIES CHOCOLAT-PÉCAN ET PRALINÉ SÉSAME

Pour 10 cookies

Le praliné sésame :

100 g de graines de sésame
50 g de sucre semoule
2 g de fleur de sel

L'appareil à cookies :

80 g de beurre
60 g de sucre semoule
40 g de cassonade
40 g de sucre muscovado
1 petit œuf
160 g de farine
2 g de sel
1 g de bicarbonate de sodium
130 g de chocolat noir
50 g de noix de pécan

RÉALISATION DU PRALINÉ SÉSAME

• Faire chauffer le sucre à sec dans une casserole jusqu'à l'obtention d'un caramel ambré, ajouter les graines de sésame en remuant. Laisser refroidir, puis mixer avec la fleur de sel jusqu'à l'obtention d'une pâte. Réserver à température ambiante.

RÉALISATION DE L'APPAREIL À COOKIES

• Préchauffer le four à 170 °C.

• Déposer les noix de pécan sur une plaque, enfourner et faire torréfier pendant 8 minutes, jusqu'à ce qu'elles soient dorées.

• Mélanger au fouet dans un cul-de-poule le beurre avec les trois sucres jusqu'à l'obtention d'une crème. Incorporer l'œuf, la farine tamisée, le sel et le bicarbonate de sodium. Mélanger, et ajouter le chocolat noir, puis terminer par les noix de pécan torréfiées.

CUISSON DES COOKIES ET FINITION

• Préchauffer le four à 200 °C.

• Étaler la pâte sur 1,5 cm d'épaisseur et la tailler en carrés de 7 cm de côté. Les poser sur une plaque à pâtisserie tapissée de papier cuisson, enfourner et faire cuire pendant 6 minutes. Sortir les cookies du four et les déposer sur une grille.

• Mettre le praliné sésame dans un cornet et déposer sur toute la surface des cookies des filaments fins et réguliers.

MOELLEUX AU CHOCOLAT ET À LA FLEUR DE SEL

Pour 10 moelleux

L'appareil à moelleux :

40 g de beurre
85 g de sucre semoule
1 g de sel
½ œuf
60 g de farine
1 g de levure chimique
4 cl de crème fleurette
6 g de cacao en poudre
18 g de chocolat noir
18 g de chocolat noir concassé

Le décor :

20 g de grué de cacao

CONFECTION DE L'APPAREIL À MOELLEUX

• La veille, mélanger au fouet le beurre et le sucre dans un cul-de-poule jusqu'à l'obtention d'une texture crémeuse. Ajouter l'œuf, puis la farine, la levure, le sel et le cacao tamisés.

• Porter la crème à ébullition et la verser sur 18 g de chocolat noir. Mélanger intimement, puis verser le tout sur le mélange précédent. Incorporer le chocolat noir concassé, filmer et réserver au réfrigérateur durant une nuit.

CUISSON DU MOELLEUX

• Le jour même, préchauffer le four à 180 °C.

• À l'aide d'une poche à douille unie, déposer environ 20 g de pâte dans les moules, puis parsemer le dessus de grué de cacao. Enfourner et faire cuire pendant 9 minutes.

GALETTES TRAOU MAD AU BLÉ NOIR

Pour 8 personnes

Les galettes :

1 jaune d'œuf
85 g de sucre semoule
260 g de beurre demi-sel
1,5 cl de lait entier
150 g de farine
50 g de farine de sarrasin
3 g de levure chimique

La finition :

½ jaune d'œuf

CONFECTION DE L'APPAREIL

• Réunir dans un cul-de-poule le sucre et le beurre demi-sel et mélanger jusqu'à l'obtention d'une texture crémeuse. Ajouter le lait et le jaune d'œuf, puis les deux farines et la levure tamisées ensemble. Mélanger intimement.

• Étaler la pâte sur 1,5 cm d'épaisseur, la déposer sur un Silpat, filmer au contact et réserver pendant 2 heures au réfrigérateur.

CUISSON DES GALETTES

• Préchauffer le four à 170 °C.

• À l'aide d'un emporte-pièce de 8 cm de diamètre, détailler des disques de pâte. Les déposer sur une plaque à pâtisserie tapissée de papier cuisson, puis les dorer à l'aide d'un pinceau trempé dans le jaune d'œuf battu. Passer sur le dessus les dents d'une fourchette pour obtenir des rayures. Enfourner et laisser cuire pendant 7 minutes. Sortir les galettes du four et les laisser refroidir sur une grille.

• Ces petites galettes peuvent se conserver une semaine dans une boîte hermétique.

La Bretagne coule dans mon sang ! Je suis né à Paris mais j'ai passé toutes mes vacances à Pont-Aven, dans la maison de mes grands-parents. Alors forcément, j'ai été élevé au beurre salé et aux petits déjeuners copieux... Des souvenirs indélébiles. J'ai encore plaisir bien sûr à y retourner, la région est synonyme, pour moi, de relaxation. J'aime son côté sauvage. Ses gens vrais. J'adore y pêcher, y faire du bateau. La sincérité qui y règne m'a construit. Le far breton dont je vous transmets la recette page suivante est celui de ma grand-mère. Il ne ressemble à rien mais est exquis ! Quant à mes traou mad, je les ai réadaptés au blé noir. Blé noir que vous croiserez souvent dans mes pâtisseries : quand son utilisation est maîtrisée, il donne aux gâteaux un goût prononcé et une identité, tout en apportant, dans le même temps, une touche de finesse et d'élégance. Surtout, il fait appel à mes origines. Il dit qui je suis.

FAR BRETON DE MA GRAND-MÈRE

Pour 8 personnes

L'appareil à far breton :

120 g de farine
130 g de sucre semoule
5 g de fleur de sel
1 gousse de vanille de Madagascar
4 œufs
50 cl de lait entier
5 cl de rhum
50 g de beurre

La garniture :

50 pruneaux

CONFECTION DE L'APPAREIL À FAR

• Faire fondre le beurre.

• Dans un cul-de-poule, réunir le sucre et les œufs et fouetter jusqu'à ce que le mélange blanchisse. Ajouter la farine tamisée puis le lait, la fleur de sel, les graines de la gousse de vanille fendue et grattée. Verser le beurre fondu et le rhum et mélanger jusqu'à l'obtention d'une pâte homogène.

CUISSON DU FAR

• Préchauffer le four à 145 °C.

• Tapisser de papier sulfurisé un moule de 18 cm de diamètre. Déposer sur le fond les pruneaux et verser dessus l'appareil à far breton. Enfourner et faire cuire pendant 45 minutes. Sortir du four et laisser refroidir avant de déguster.

MON GOÛTER PARFAIT

Pour 10 crêpes

L'appareil à crêpes:

30 cl de lait entier
1 jaune d'œuf
1 œuf
40 g de sucre glace
120 g de farine
50 g de beurre
0,6 cl de Grand Marnier

La pâte à tartiner:

15 g de sirop de glucose
15 cl de crème fleurette
15 g de sucre semoule
1,5 cl d'eau
150 g de gianduja
1,5 cl d'huile de pépins de raisin
37 g de chocolat noir

RÉALISATION DE LA PÂTE À CRÊPES

• La veille, mélanger dans un cul-de-poule le sucre glace avec l'œuf et le jaune. Ajouter la farine tamisée, le lait, puis le beurre préalablement fondu et le Grand Marnier. Laisser reposer pendant 24 heures au réfrigérateur.

PRÉPARATION DE LA PÂTE À TARTINER

• La veille, porter l'eau et le sucre à ébullition, puis ajouter la crème et le sirop de glucose. Mélanger et porter à ébullition. Verser sur le gianduja et le chocolat noir dans un cul-de-poule, mélanger jusqu'à ce qu'ils soient fondus puis ajouter l'huile. Mixer et couler en pot.

CUISSON DES CRÊPES

• Le jour même, dans une poêle chaude, verser 30 g d'appareil par crêpe. Faire dorer les deux faces et débarrasser dans une assiette. Servir avec la pâte à tartiner.

GÂTEAU BRETON

Pour 8 personnes

Le gâteau breton :

3 jaunes d'œufs
125 g de sucre semoule
250 g de beurre demi-sel
180 g de farine
3 g de levure chimique

La finition :

½ jaune d'œuf

CONFECTION DE L'APPAREIL

• Réunir dans un cul-de-poule le sucre et le beurre demi-sel et mélanger jusqu'à l'obtention d'une texture crémeuse. Ajouter les jaunes d'œufs, puis la farine et la levure préalablement tamisées ensemble. Mélanger intimement.

Étaler la pâte sur 1,6 cm d'épaisseur, la déposer sur un Silpat, filmer au contact et réserver pendant 2 heures au réfrigérateur.

CUISSON DU GÂTEAU BRETON

• Préchauffer le four à 170 °C.

• Tailler la pâte en un disque de 20 cm de diamètre. Le déposer sur une plaque à pâtisserie tapissée de papier cuisson, puis le dorer à l'aide d'un pinceau trempé dans le jaune d'œuf battu. Passer sur le dessus les dents d'une fourchette pour obtenir des rayures. Enfourner et laisser cuire pendant 18 minutes. Sortir le gâteau du four et le laisser refroidir sur une grille.

18 HEURES LES DESSERTS À PARTAGER

C'est le soir, et le client typique est pressé. « J'avais peur que vous ne soyez fermés », nous lance-t-il. À coup sûr, il est invité à dîner et chargé d'apporter le dessert ! Nous lui proposons notre merveille, notre paris-brest, notre tarte au citron. Autant de gâteaux sobres, en cohérence avec ce qu'il y a dedans. Moi, j'aime les gros gâteaux : le goût se diffuse mieux que dans les individuels, ils sont plus gourmands. Comme dans le fromage, le meilleur, c'est le cœur ! À la maison, vous pouvez essayer les recettes de ces pâtisseries à partager la première fois comme elles sont écrites, puis tenter de les adapter à vos goûts, en changeant par exemple un ingrédient. Il faut faire les choses comme on les aime : le renard, emblème de notre maison, est un animal libre...

TARTE MARRON-MANDARINE

Pour 8 personnes

La ganache marron montée :
5 cl de crème fleurette
60 g de pâte de marrons
60 g de crème de marrons
15 g de chocolat au lait
1 feuille de gélatine
10 cl de crème fleurette

La meringue franco-suisse :
3 blancs d'œufs
100 g de sucre semoule
100 g de sucre glace

La pâte sucrée :
60 g de beurre
38 g de sucre glace
12 g de poudre d'amandes
½ cuil. à moka de fleur de sel
½ œuf
100 g de farine T55

La garniture marron :
100 g de pâte de marrons
100 g de crème de marrons

L'insert mandarine :
100 g de purée de mandarines
3 g d'agar-agar

La poudre de mandarine :
2 mandarines

Le décor :
Segments de mandarine

LA TARTE MARRON-MANDARINE

- 1 -
Garnir le fond de tarte d'insert mandarine.

- 2 -
Ajouter la ganache marron et lisser.

- 3 -
Déposer les meringues.

- 4 -
Pocher la ganache et décorer avec les segments et la poudre de mandarine.

CONFECTION DE LA GANACHE MARRON

• La veille, faire bouillir 5 cl de crème fleurette, ajouter la gélatine préalablement ramollie et mélanger. Verser dans un cul-de-poule sur le chocolat au lait concassé, la pâte de marrons et la crème de marrons. Mélanger, ajouter 10 cl de crème. Mélanger, filmer et réserver pendant 24 heures au réfrigérateur.

RÉALISATION DE LA MERINGUE FRANCO-SUISSE

• Préparer un bain-marie en faisant chauffer une casserole d'eau à 60 °C. Réunir dans un cul-de-poule les blancs d'œufs et le sucre semoule, poser l'ensemble sur la casserole et fouetter en incorporant de l'air jusqu'à ce que le sucre soit dissous (goûter pour vérifier que le grain ne craque plus sous la dent). Retirer du bain-marie, et faire refroidir au batteur en montant les blancs. À l'aide d'une maryse, incorporer progressivement le sucre glace tamisé.

• Préchauffer le four à 50 °C.

• À l'aide d'une poche à douille de 14 mm, déposer 32 pointes de meringue sur une plaque tapissée de papier cuisson. Enfourner et laisser sécher pendant 4 heures.

CONFECTION DE LA POUDRE DE MANDARINE

• Laver les mandarines et prélever les zestes à l'aide d'un couteau-économe. Les déposer sur une plaque et les laisser sécher pendant 3 heures au four à 50 °C. Mixer les zestes et les tamiser. Réserver la poudre obtenue.

RÉALISATION DU FOND DE TARTE

• Dans la cuve d'un batteur muni de la feuille, mélanger le beurre et le sucre glace tamisé jusqu'à l'obtention d'une crème. Ajouter la poudre d'amandes et la fleur de sel, puis l'œuf. Incorporer la farine. Former une boule de pâte, filmer et réserver pendant 1 heure au réfrigérateur.

• Préchauffer le four à 170 °C.

• Étaler la pâte sur 2,5 mm d'épaisseur. En foncer un moule carré de 16 cm de côté et 2,5 cm de hauteur et couvrir de billes de cuisson en céramique. Enfourner et faire cuire à blanc pendant 15 minutes.

CONFECTION DE LA GARNITURE MARRON

• Réunir dans la cuve d'un batteur munie de la feuille la pâte de marrons et la crème de marrons. Mélanger intimement.

CONFECTION DE L'INSERT MANDARINE

• Faire chauffer la purée de mandarines à 40 °C, verser l'agar-agar en pluie et porter à ébullition. Laisser totalement refroidir avant de mixer.

MONTAGE ET FINITION (voir astuce illustrée page précédente)

• Monter la ganache marron au fouet et la mettre dans une poche à douille de 14 mm.

• Garnir le fond de tarte d'une fine couche d'insert mandarine (1) et d'une fine couche de garniture marron (2). Ajouter à hauteur de la ganache marron montée et lisser.

• Sur la tarte, déposer une ligne de 4 meringues (3) en alternance avec 4 boules de ganache marron pochées (4). Renouveler l'opération jusqu'à ce que la tarte soit complètement recouverte.

• Parsemer de poudre de mandarine et de segments de mandarine coupés en deux.

TARTE AUX AGRUMES

Pour 8 personnes

La pâte sucrée :

60 g de beurre
38 g de sucre glace
12 g de poudre d'amandes
½ cuil. à moka de fleur de sel
½ œuf
100 g de farine T55

La crème d'amandes :

53 g de beurre
53 g de sucre glace
53 g de poudre d'amandes
5 g de poudre à crème
½ œuf
10 g de rhum

Le crémeux de fleur d'oranger :

12 cl de lait entier
12 cl de crème fleurette
4 petits jaunes d'œufs
30 g de sucre semoule
3 feuilles de gélatine
1 cl d'eau de fleur d'oranger

Les fruits :

2 pamplemousses
2 oranges
2 oranges sanguines
2 clémentines
2 citrons verts
2 citrons jaunes

Le décor :

1 barquette de pousses de coriandre

RÉALISATION DU FOND DE TARTE

• Dans la cuve d'un batteur muni de la feuille, mélanger le beurre et le sucre glace tamisé jusqu'à l'obtention d'une crème. Ajouter la poudre d'amandes et la fleur de sel, puis l'œuf. Incorporer la farine. Former une boule de pâte, filmer et réserver pendant 1 heure au réfrigérateur.

• Préchauffer le four à 170 °C.

• Étaler la pâte sur 2,5 mm d'épaisseur. Graisser légèrement un cercle de 16 cm de diamètre et 2,5 cm de hauteur, et le déposer sur une plaque également graissée. Foncer la pâte dans le moule et couvrir de billes de cuisson en céramique. Enfourner et faire cuire à blanc pendant 15 minutes.

CONFECTION DE LA CRÈME D'AMANDES

• Mettre le beurre et le sucre glace tamisé dans la cuve du batteur muni de la feuille. Fouetter jusqu'à l'obtention d'une pommade. Ajouter progressivement la poudre d'amandes et la poudre à crème, puis l'œuf et enfin le rhum. Filmer et réserver à température ambiante.

RÉALISATION DU CRÉMEUX DE FLEUR D'ORANGER

• Mettre la gélatine à ramollir dans un bol d'eau froide. Faire chauffer le lait et la crème.

• Réunir dans un cul-de-poule les jaunes d'œufs et le sucre, et fouetter jusqu'à ce que le mélange blanchisse. Les ajouter au liquide chaud et faire cuire jusqu'au premier bouillon. Ajouter la gélatine essorée et la fleur d'oranger. Mixer pour homogénéiser le crémeux. Lisser avant utilisation.

PRÉPARATION DES FRUITS

• Éplucher tous les agrumes, détacher les segments et en prélever les suprêmes.

MONTAGE ET FINITION

• Préchauffer le four à 170 °C.

• Étaler une couche de crème d'amandes sur le fond de tarte, enfourner et faire cuire pendant 8 minutes. Laisser refroidir complètement avant de garnir à hauteur de crémeux de fleur d'oranger. Disposer harmonieusement les suprêmes d'agrumes depuis l'extérieur du cercle vers l'intérieur et décorer de pousses de coriandres.

FIGUIER

Pour 8 personnes

La pâte d'amandes :

150 g d'amandes
15 g de sucre glace

La ganache amande montée :

12 cl de crème fleurette
60 g de chocolat blanc
2 feuilles de gélatine
100 g de pâte d'amandes
25 cl de crème fleurette froide

La dacquoise aux amandes :

135 g de sucre glace
135 g de poudre d'amandes
5 blancs d'œufs
50 g de sucre semoule

La marmelade de figues :

300 g de figues
30 g de miel

La garniture figues :

150 g de marmelade de figues
150 g de figues fraîches

Le glaçage aux figues :

3 cl d'eau
60 g de sucre semoule
60 g de sirop de glucose
30 g de lait concentré
1,5 feuille de gélatine
60 g de chocolat blanc
30 g de marmelade de figues

Le décor :

4 figues fraîches
Brisures d'amandes

RÉALISATION DE LA PÂTE D'AMANDES

• La veille, étaler sur une plaque à pâtisserie les amandes mélangées avec le sucre glace et les faire torréfier pendant 6 minutes au four à 170 °C. Laisser complètement refroidir puis mixer jusqu'à l'obtention d'une pâte.

CONFECTION DE LA GANACHE AMANDE

• La veille, faire bouillir 12 cl de crème fleurette, ajouter la gélatine préalablement ramollie et essorée, mélanger jusqu'à ce qu'elle soit fondue. Verser dans un cul-de-poule sur le chocolat blanc concassé et la pâte d'amandes, mélanger et ajouter la crème froide. Mélanger, filmer au contact et réserver pendant 24 heures au réfrigérateur.

RÉALISATION DE LA DACQUOISE AUX AMANDES

• Le jour même, préchauffer le four à 170 °C.

• Réunir dans un cul-de-poule les blancs d'œufs avec le sucre semoule et les monter en veillant à ce qu'ils ne soient pas trop fermes. Verser en pluie le sucre glace tamisé et la poudre d'amandes, mélanger intimement. À l'aide d'une poche à douille de 12 mm, déposer sur une plaque tapissée de papier cuisson 2 disques de 14 cm de diamètre. Enfourner et faire cuire pendant 15 minutes.

RÉALISATION DE LA MARMELADE DE FIGUES

• Faire cuire les figues et le miel à feu doux pendant 15 minutes, puis mixer.

CONFECTION DE LA GARNITURE AUX FIGUES

• Mélanger la marmelade de figues et les morceaux de figue fraîches.

RÉALISATION DU GLAÇAGE AUX FIGUES

• Mettre la gélatine à ramollir dans un bol d'eau froide.

• Réunir l'eau, le sucre et le sirop de glucose dans une casserole et faire chauffer à 102 °C. Ajouter le lait concentré et la gélatine essorée. Mélanger, puis verser en 3 fois sur le chocolat blanc concassé et la marmelade de figues dans un cul-de-poule. Mixer le tout, filmer et réserver au froid.

MONTAGE ET FINITION

• Dans un cercle de 14 cm de diamètre, déposer un disque de dacquoise. Ajouter la garniture aux figues, couvrir avec le second disque de dacquoise et réserver pendant 30 minutes au congélateur.

• Monter la ganache amande au fouet. En mettre 300 g dans un moule de 16 cm de diamètre et 5 cm de hauteur, lisser les bords, puis ajouter le montage précédent congelé. Lisser et réserver pendant encore 30 minutes au congélateur.

• Faire chauffer le glaçage à 40 °C et à l'aide d'une spatule en napper l'entremets. Décorer de minces quartiers de figue fraîches et d'éclats d'amandes.

TARTE AUX FIGUES, NOIX ET SHISO

Pour 8 personnes

Le crémeux de shiso :

12 cl de lait entier
12 cl de crème fleurette
4 petits jaunes d'œufs
30 g de sucre semoule
3 feuilles de gélatine
20 grandes feuilles de shiso

La pâte sucrée :

60 g de beurre
38 g de sucre glace
12 g de poudre d'amandes
½ cuil. à moka de fleur de sel
½ œuf
100 g de farine T55

La crème de noix :

53 g de beurre
53 g de sucre glace
53 g de poudre de noix
5 g de poudre à crème
½ œuf
10 g de rhum

La marmelade de figues :

300 g de figues fraîches
30 g de miel

Le décor :

10 figues fraîches coupées en quartiers
Brisures de noix
1 barquette de pousses de shiso pourpre

Ma technique

Pour redonner de la souplesse au crémeux de shiso avant d'en garnir le fond de tarte, il faut le lisser au préalable, c'est-à-dire le battre vigoureusement à l'aide d'un fouet pour le rendre parfaitement homogène.

INFUSION DE SHISO

• La veille, faire chauffer le lait et la moitié de la crème avec les feuilles de shiso. Ajouter la crème restante, mélanger et laisser infuser pendant 24 heures au réfrigérateur.

RÉALISATION DU FOND DE TARTE

• Dans la cuve d'un batteur muni de la feuille, mélanger le beurre et le sucre glace tamisé jusqu'à l'obtention d'une crème. Ajouter la poudre d'amandes et la fleur de sel, puis l'œuf. Incorporer la farine. Former une boule de pâte, filmer et réserver pendant 1 heure au réfrigérateur.

• Préchauffer le four à 170 °C.

• Étaler la pâte sur 2,5 mm d'épaisseur. Graisser légèrement un cercle de 16 cm de diamètre et 2,5 cm de hauteur, le déposer sur une plaque également graissée. Foncer la pâte dans le moule et couvrir de billes de cuisson en céramique. Enfourner et faire cuire à blanc pendant 15 minutes.

CONFECTION DU CRÉMEUX DE SHISO

• Faire chauffer la crème infusée puis la mixer. Passer cette crème au shiso au chinois. Mettre la gélatine à ramollir dans un bol d'eau froide.

• Dans un cul-de-poule, fouetter les jaunes d'œufs et le sucre jusqu'à ce que le mélange blanchisse. Verser dessus la crème au shiso, mélanger et porter à ébullition. Arrêter la cuisson au premier bouillon. Incorporer la gélatine essorée et mélanger jusqu'à ce qu'elle soit complètement fondue. Mixer pour homogénéiser le crémeux, filmer au contact et réserver au frais. Lisser avec le fouet avant utilisation.

RÉALISATION DE LA CRÈME DE NOIX

• Mettre le beurre et le sucre glace tamisé dans la cuve du batteur muni de la feuille. Fouetter jusqu'à l'obtention d'une crème. Ajouter progressivement la poudre d'amandes et la poudre à crème, puis l'œuf et enfin le rhum. Filmer et réserver à température ambiante.

CONFECTION DE LA MARMELADE DE FIGUES

• Faire cuire les figues et le miel dans une petite casserole à feu doux pendant 15 minutes, puis mixer.

MONTAGE ET FINITION

• Préchauffer le four à 170 °C.

• Étaler une couche de crème de noix sur le fond de tarte. Enfourner et faire cuire pendant 8 minutes. Laisser totalement refroidir.

• Garnir à hauteur de crémeux de shiso, puis déposer au centre la marmelade de figues. Disposer harmonieusement les quartiers de figue, les brisures de noix et les pousses de shiso pourpre.

Les figues et les noix : une association fréquente dans mes créations. Ce sont des produits de la même saison. L'aspérité de la noix et son goût prononcé s'allient parfaitement avec la saveur fruitée de la figue. Le shiso, une plante aromatique venue d'Asie, apporte quant à lui une note végétale et un côté inattendu à ce dessert.

PARIS-BREST

Pour 8 personnes

La pâte à choux :

10 cl de lait entier
10 cl d'eau
45 g de beurre
4,5 cl d'huile de pépins de raisin
2 g de sel
120 g de farine
3 œufs

Le craquelin :

50 g de beurre
60 g de cassonade
60 g de farine
20 g de noisettes effilées
½ blanc d'œuf

Le praliné noisette :

80 g de sucre semoule
160 g de noisettes
1 g de fleur de sel

La crème diplomate :

20 cl de lait entier
2,5 jaunes d'œufs
40 g de sucre semoule
6 g de poudre à crème
10 g de farine
1 feuille de gélatine

La crème chiboust :

5 cl de lait entier
110 g de sucre semoule
2 jaunes d'œufs
200 g de beurre
2 cl d'eau
1 blanc d'œuf

La crème pralinée :

280 g de crème pâtissière
80 g de praliné
100 g de crème au beurre

Les noisettes caramélisées :

80 g de noisettes effilées
120 g de sucre semoule
10 cl d'eau

Le décor :

10 g de sucre glace
10 petites noisettes effilées torréfiées

RÉALISATION DE LA PÂTE À CHOUX

• Faire chauffer dans une casserole le lait, l'eau, le beurre, l'huile et le sel. Dès que l'ébullition est atteinte, ajouter la farine en une fois. Dessécher pendant 1 minute à feu moyen.

• Mettre la pâte obtenue dans la cuve d'un batteur muni de la feuille et faire tourner pendant 10 minutes à vitesse lente jusqu'à complet refroidissement. Incorporer les œufs un à un et pétrir jusqu'à l'obtention d'une pâte lisse. La mettre dans une poche à douille de 18 mm puis pocher sur une feuille antiadhésive un anneau de pâte de 18 cm de diamètre. Filmer et réserver pendant 1 heure au congélateur.

CONFECTION DU CRAQUELIN

• Mélanger le beurre, la cassonade et la farine jusqu'à l'obtention d'une pâte. L'étaler entre 2 feuilles de papier sulfurisé sur 2 mm d'épaisseur. Réserver pendant 30 minutes au congélateur.

• Une fois que le craquelin est bien dur, détailler un disque de 18 cm de diamètre puis en évider le centre à l'aide d'un emporte-pièce de 12 cm de diamètre. Appliquer au pinceau une couche de blanc d'œuf légèrement battu et déposer dessus des noisettes effilées. Réserver pendant 1 heure au congélateur.

CONFECTION DES NOISETTES CARAMÉLISÉES

• Porter à ébullition le sucre et l'eau. Hors du feu, ajouter les noisettes et mélanger. Laisser macérer dans le sirop pendant 30 minutes puis égoutter.

• Préchauffer le four à 170 °C. Étaler les noisettes sur une plaque à pâtisserie, enfourner et faire cuire pendant 15 minutes.

CONFECTION DU PRALINÉ NOISETTE

• Préchauffer le four à 170 °C. Étaler les noisettes sur une plaque à pâtisserie et les faire torréfier pendant 6 minutes.

• Faire chauffer le sucre à sec dans une casserole jusqu'à l'obtention d'un caramel ambré, ajouter les noisettes torréfiées en remuant. Laisser refroidir, puis mixer avec la fleur de sel jusqu'à l'obtention d'une pâte.

RÉALISATION DE LA CRÈME DIPLOMATE

• Mettre la gélatine à ramollir dans un bol d'eau froide.

• Fouetter dans un cul-de-poule les jaunes d'œufs avec le sucre jusqu'à ce que le mélange blanchisse, ajouter la farine et la poudre à flan tamisées. Mélanger. Porter le lait à ébullition dans une petite casserole et le verser sur le mélange aux œufs. Remuer, reverser le tout dans la casserole et faire bouillir pendant 3 minutes, sans cesser de mélanger. Ajouter la gélatine essorée et mélanger jusqu'à ce qu'elle soit complètement fondue. Filmer au contact et réserver au frais jusqu'à utilisation.

CONFECTION DE LA CRÈME CHIBOUST

- Travailler le beurre à la spatule jusqu'à l'obtention d'une pommade.
- Réunir dans un cul-de-poule les jaunes d'œufs et 50 g de sucre, et fouetter jusqu'à ce que le mélange blanchisse. Dans une casserole, faire chauffer le lait, le verser sur les jaunes d'œufs et faire cuire à 82 °C (vérifier la température avec un thermomètre de cuisson, le mélange ne doit pas bouillir). Maintenir à cette température pendant environ 1 min 30, sans cesser de remuer, jusqu'à ce que la crème épaississe et nappe le dos de la cuillère. Retirer cette crème anglaise du feu, incorporer le beurre pommade et faire refroidir le tout au batteur.
- Faire cuire le sucre restant et l'eau à 120 °C, verser sur le blanc d'œuf et monter au batteur jusqu'à complet refroidissement.
- Mélanger les deux éléments ensemble, filmer au contact et réserver au réfrigérateur jusqu'à utilisation.

RÉALISATION DE LA CRÈME PRALINÉE

- Mélanger la crème diplomate avec le praliné, puis incorporer la crème au beurre préalablement montée.

MONTAGE ET FINITION

- Préchauffer le four à 180 °C.
- Poser le disque de craquelin sur l'anneau de pâte à choux. Enfourner et faire cuire pendant 22 minutes.
- Au terme de la cuisson, couper l'anneau de chou en deux, napper la base de praliné noisette, ajouter les noisettes caramélisées, puis pocher à l'aide d'une douille cannelée la crème paris-brest. Remettre du praliné dans la crème et recouvrir de la seconde moitié du chou. Saupoudrer le dessus de sucre glace et parsemer de noisettes effilées grillées.

SAINT-HONORÉ FRAMBOISES MENTHE

Pour 8 personnes

La chantilly vanille :

50 cl de crème fleurette

50 g de sucre glace

1 gousse de vanille de Madagascar

Le feuilletage inversé au sarrasin :

160 g de beurre

65 g de farine

La détrempe :

6 cl d'eau

1 goutte de vinaigre

8 g de fleur de sel

50 g de beurre

120 g de farine

40 g de farine de sarrasin

Sucre glace

La pâte à choux :

5 cl d'eau

5 cl de lait entier

20 g de beurre

2 cl d'huile de pépins de raisin

2 g de sel

60 g de farine

2 petits œufs

Le craquelin :

25 g de cassonade

20 g de beurre

25 g de farine

Le crémeux de menthe :

12 cl de lait entier

12 cl de crème fleurette

4 jaunes d'œufs

30 g de sucre semoule

3 feuilles de gélatine

8 g de feuilles de menthe

L'insert framboise :

200 g de purée de framboises

4 g d'agar-agar

200 g de framboises fraîches

Le caramel :

300 g de sucre semoule

10 cl d'eau

75 g de sirop de glucose

Le décor :

10 framboises

L'INFUSION DE VANILLE

• La veille, faire chauffer la moitié de la crème avec le sucre glace et la vanille fendue en deux et grattée. Verser sur le reste de crème, mélanger et laisser infuser pendant 24 heures au frais.

L'INFUSION DE MENTHE

• La veille, faire chauffer le lait et la moitié de la crème avec les feuilles de menthe. Ajouter la crème restante, mélanger et laisser infuser pendant 24 heures au réfrigérateur.

PRÉPARATION DE LA DÉTREMPE

• La veille, mélanger intimement le beurre et la farine, étaler entre 2 feuilles de papier sulfurisé en un rectangle de 2 cm de hauteur et réserver au réfrigérateur jusqu'à utilisation.

• Réaliser également la détrempe la veille. Dans la cuve d'un batteur muni du crochet, réunir tous les éléments (sauf le sucre glace) dans l'ordre donné, puis pétrir jusqu'à l'obtention d'une boule. Former un carré et réserver au réfrigérateur pendant 12 heures.

RÉALISATION DU FEUILLETAGE INVERSÉ AU SARRASIN

• Étaler le rectangle de beurre-farine en un carré plus grand que la détrempe, afin de pouvoir y mettre celle-ci. Fermer comme une enveloppe et donner un tour simple en portefeuille (voir astuce illustrée page 89). Réaliser cette opération 5 fois en laissant reposer pendant 30 minutes au frais entre chaque tour.

• Étaler la pâte sur environ 3 mm d'épaisseur. La déposer sur une plaque à pâtisserie tapissée de papier cuisson et laisser durcir pendant 1 heure au congélateur pour un meilleur maintien à la cuisson.

• Préchauffer le four à 170 °C. Enfourner la plaque et faire cuire pendant 25 minutes.

• Tailler le feuilletage en 1 disque de 16 cm de diamètre, le retourner et saupoudrer de sucre glace. Faire fondre le sucre glace en passant le feuilletage quelques minutes au four à 215 °C. Laisser refroidir hors du four sur une grille.

RÉALISATION DE LA PÂTE À CHOUX

• Faire chauffer dans une casserole le lait, l'eau, le sel, le beurre et l'huile de pépins de raisin. Dès que l'ébullition est atteinte, ajouter la farine tamisée en une fois. Dessécher pendant 1 minute à feu moyen.

• Mettre la pâte obtenue dans la cuve d'un batteur muni de la feuille et faire tourner pendant 10 minutes à vitesse lente jusqu'à complet refroidissement. Incorporer les œufs un à un et pétrir jusqu'à l'obtention d'une pâte lisse. Mettre dans une poche à douille de 8 mm et déposer sur une plaque antiadhésive 20 choux d'environ 2,5 cm de diamètre. Réserver au congélateur.

CONFECTION DU CRAQUELIN

• Mélanger tous les ingrédients ensemble jusqu'à l'obtention d'une pâte. L'étaler entre 2 feuilles de papier sulfurisé sur 1,5 mm d'épaisseur. Réserver pendant 30 minutes au congélateur. Une fois que le craquelin est bien dur, détailler à l'emporte-pièce 20 disques de 2,5 cm de diamètre.

CUISSON DES CHOUX

• Préchauffer le four à 180 °C.

• Poser un craquelin sur les choux, enfourner et faire cuire pendant 12 minutes. Laisser refroidir sur une grille.

RÉALISATION DU CRÉMEUX DE MENTHE

• Faire chauffer la crème infusée et mixer. Passer la crème à la menthe au chinois. Mettre la gélatine à ramollir dans un bol d'eau froide.

• Dans un cul-de-poule, fouetter les jaunes d'œufs et le sucre jusqu'à ce que le mélange blanchisse. Verser dessus la crème à la menthe, mélanger et porter à ébullition. Arrêter la cuisson au premier bouillon. Incorporer la gélatine essorée et mélanger jusqu'à ce qu'elle soit complètement fondue. Mixer pour bien homogénéiser le crémeux, filmer au contact et réserver à température ambiante. Lisser avant utilisation.

CONFECTION DE L'INSERT FRAMBOISE

• Faire chauffer la purée de framboises à 40 °C, verser l'agar-agar en pluie et porter à ébullition.

• Laisser totalement refroidir puis mixer. Ajouter les framboises coupées en deux.

CONFECTION DU CARAMEL

• Réunir dans une casserole le sucre, l'eau et le sirop de glucose, et faire cuire à 160 °C.

MONTAGE ET FINITION (voir astuce illustrée ci-dessous)

• Fouetter la crème vanillée froide en chantilly.

• Une fois les choux froids, les fourrer à l'aide d'une poche à douille de crémeux de menthe et d'insert framboise. Les napper de caramel, puis les poser, côté caramel, dans des moules demi-sphériques en silicone de 4 cm de diamètre.

• Mettre un fond de crémeux de menthe au milieu du feuilletage (1), ajouter la garniture framboise et recouvrir de crémeux. Disposer 14 choux sur le pourtour (2). À l'aide d'une douille à saint-honoré, pocher la chantilly (3), ajouter 6 choux et décorer de 6 framboises coupées en deux (4).

SAINT-HONORÉ FRAMBOISE

- 1 -
Mettre un fond de crémeux menthe et de framboise au milieu du feuilletage.

- 2 -
Diposez les choux sur le pourtour.

- 3 -
Pocher la chantilly

- 4 -
Décorer de 6 framboises

TARTE AU CITRON VERT

Pour 8 personnes

La meringue franco-suisse :

3 blancs d'œufs
100 g de sucre semoule
100 g de sucre glace

La poudre de citron vert :

2 citrons verts

La pâte sucrée :

60 g de beurre
38 g de sucre glace
12 g de poudre d'amandes
½ cuil. à moka de fleur de sel
½ œuf
100 g de farine T55

Le crémeux de citron vert :

100 g de purée de citrons verts
100 g de sucre semoule
3 œufs
6 jaunes d'œufs
2 feuilles de gélatine
200 g de beurre
Les zestes de 2 citrons verts

La garniture citron vert :

100 g de purée de citrons verts
3 g d'agar-agar
10 g de sucre semoule
Les zestes de 1 citron vert

Le décor :

Segments de citron vert

RÉALISATION DE LA MERINGUE FRANCO-SUISSE

• Préparer un bain-marie en faisant chauffer une casserole d'eau à 60 °C. Réunir dans un cul-de-poule les blancs d'œufs et le sucre, poser l'ensemble sur la casserole et fouetter en incorporant de l'air jusqu'à ce que le sucre soit dissous (goûter pour vérifier que le grain ne craque plus sous la dent). Retirer du bain-marie, et faire refroidir au batteur en montant les blancs. À l'aide d'une maryse, incorporer progressivement le sucre glace tamisé.

• Préchauffer le four à 50 °C.

• À l'aide d'une poche à douille de 14 mm, déposer 32 pointes de meringue sur une plaque tapissée de papier cuisson. Enfourner et laisser sécher pendant 4 heures.

CONFECTION DE LA POUDRE DE CITRON VERT

• Laver les citrons verts et prélever les zestes à l'aide d'un couteau-économe. Les déposer sur une plaque et les laisser sécher pendant 3 heures au four à 50 °C. Mixer les zestes et les tamiser. Réserver la poudre obtenue.

RÉALISATION DU FOND DE TARTE

• Dans la cuve d'un batteur muni de la feuille, mélanger le beurre et le sucre glace tamisé jusqu'à l'obtention d'une crème. Ajouter la poudre d'amandes et la fleur de sel, puis l'œuf. Incorporer la farine. Former une boule de pâte, filmer et réserver pendant 1 heure au réfrigérateur.

• Préchauffer le four à 170 °C.

• Étaler la pâte sur 2,5 mm d'épaisseur. En foncer un moule carré de 16 cm de côté et couvrir de billes de cuisson en céramique. Enfourner et faire cuire à blanc pendant 15 minutes.

RÉALISATION DU CRÉMEUX DE CITRON VERT

• Mettre la gélatine à ramollir dans un bol d'eau froide.

• Réunir la purée de citrons verts, le sucre, les œufs et les jaunes dans un cul-de-poule, et faire cuire à 85 °C au bain-marie. Ajouter la gélatine essorée et les zestes de citron vert râpé, puis quand le mélange atteint 45 °C incorporer le beurre. Mixer pour homogénéiser le crémeux, filmer et réserver au frais. Lisser avant utilisation.

RÉALISATION DE LA GARNITURE CITRON VERT

• Faire chauffer la purée de citrons verts à 40 °C, verser l'agar-agar en pluie et ajouter le sucre. Faire cuire à 85 °C et laisser complètement refroidir avant de mixer avec les zestes de citron vert.

MONTAGE ET FINITION

• Garnir le fond de tarte d'une fine couche de garniture citron vert, ajouter à hauteur du crémeux de citron vert et lisser. Sur la tarte, déposer sur la même ligne 4 boules de crémeux de citron vert à l'aide d'une poche à douille de 14 mm en alternant avec 4 meringues. Renouveler l'opération jusqu'à ce que la tarte soit complètement recouverte. Parsemer de poudre de citron vert et de segments de citron vert coupés en deux.

CARAÏBES

Pour 8 personnes

La ganache chocolat au lait montée :

12 cl de crème fleurette
60 g de chocolat au lait
2 feuilles de gélatine
25 cl de crème fleurette froide

La dacquoise coco :

140 g de sucre glace
70 g de poudre d'amandes
70 g de noix de coco râpée
5 blancs d'œufs
50 g de sucre semoule

La mousse coco déco :

200 g de purée de coco
30 g de sucre semoule
3 feuilles de gélatine
15 cl de crème fleurette froide

Le glaçage au lait :

3 cl d'eau
60 g de sucre semoule
60 g de sirop de glucose
30 g de lait concentré
1,5 feuille de gélatine
60 g de chocolat au lait

La mousse coco :

200 g de purée de coco
30 g de sucre semoule
1 feuille de gélatine
15 cl de crème fleurette froide
30 g de noix de coco torréfiée
1 cl de Malibu

Le flocage :

100 g de chocolat noir
100 g de beurre de cacao

Le décor :

20 g de noix de coco râpée

Ma technique

À défaut de pistolet à air comprimé, il est possible d'utiliser un pistolet à peinture du commerce pour floquer un gâteau et donner ainsi un effet velours. Penser à protéger des projections l'endroit où se fait le flocage par une bâche de plastique, par exemple.

CONFECTION DE LA GANACHE CHOCOLAT AU LAIT

• La veille, faire bouillir 12 cl de crème fleurette, ajouter la gélatine préalablement ramollie et essorée, mélanger. Verser dans un cul-de-poule sur le chocolat au lait concassé, mélanger, et ajouter 25 cl de crème. Mélanger, filmer et réserver pendant 24 heures au réfrigérateur.

CONFECTION DE LA DACQUOISE COCO

• Préchauffer le four à 170 °C.

• Réunir dans un cul-de-poule les blancs d'œufs avec le sucre semoule et les monter en veillant à ce qu'ils ne soient pas trop fermes. Verser en pluie le sucre glace tamisé, la poudre d'amandes et la noix de coco râpée, mélanger intimement. À l'aide d'une poche à douille de 12 mm, déposer sur une plaque tapissée de papier cuisson 2 disques de 14 cm de diamètre. Enfourner et faire cuire pendant 15 minutes.

RÉALISATION DE LA MOUSSE COCO DÉCO

• Monter la crème au fouet et la réserver au frais jusqu'à utilisation. Mettre la gélatine à ramollir dans un bol d'eau froide.

• Faire chauffer la moitié de la purée de coco avec le sucre semoule, ajouter la gélatine essorée hors du feu et remuer jusqu'à ce qu'elle soit fondue et que le mélange atteigne 20 °C. Incorporer le reste de purée de coco et la crème montée. Couler dans 4 moules demi-sphériques en silicone de 5 cm de diamètre, puis réserver pendant 4 heures au congélateur.

RÉALISATION DU GLAÇAGE AU LAIT

• Mettre la gélatine à ramollir dans un bol d'eau froide.

• Réunir l'eau, le sucre et le sirop de glucose dans une casserole et faire chauffer à 102 °C. Ajouter le lait concentré et la gélatine essorée. Mélanger, puis verser en 3 fois sur le chocolat au lait concassé dans un cul-de-poule. Mixer le tout, filmer et réserver au froid.

RÉALISATION DE LA MOUSSE COCO

• Monter la crème au fouet et la réserver au frais jusqu'à utilisation. Mettre la gélatine à ramollir dans un bol d'eau froide.

• Faire chauffer la moitié de la purée de coco avec le sucre semoule, ajouter la gélatine essorée hors du feu et remuer jusqu'à ce qu'elle soit fondue et que le mélange atteigne 20 °C. Incorporer le reste de purée de coco, la crème montée, le Malibu puis la noix de coco torréfiée.

MONTAGE ET FINITION

• Dans un cercle de 14 cm de diamètre, déposer un disque de dacquoise, ajouter 300 g de mousse coco, recouvrir avec le second disque de dacquoise et réserver pendant 30 minutes environ au congélateur.

• Monter la ganache chocolat au lait. En mettre 300 g dans un moule de 16 cm de diamètre et 5 cm de hauteur, lisser les bords, puis ajouter le montage précédent congelé. Lisser et réserver pendant encore 30 minutes environ au congélateur.

• Faire chauffer le glaçage à 40 °C et à l'aide d'une spatule en napper l'entremets et parsemer le dessus de noix de coco râpée.

• À l'aide d'une cuillère parisienne, évider les demi-sphères de noix de coco congelées. Faire fondre le chocolat noir du flocage et à l'aide d'un cornet, tracer des traits sur la partie bombée de la demi-boule. Mélanger le reste du chocolat noir avec le beurre de cacao préalablement fondu, verser dans le réservoir d'un pistolet à air comprimé et floquer l'extérieur des demi-boules pour simuler des noix de coco ouvertes. Les déposer sur l'entremets.

ENTREMETS MANGUE-VANILLE

Pour 8 personnes

Le financier :

50 g de cassonade
15 g de farine
15 g de poudre d'amandes
1 blanc d'œuf
40 g de beurre demi-sel

La garniture mangue-Passion :

100 g de chair de mangue coupée en dés
20 g de pulpe de fruits de la Passion
100 g de purée de fruits de la Passion
100 g de purée de mangues
3 g d'agar-agar

Le crémeux exotique :

105 g de purée de mangues
105 g de purée de coco
55 g de purée de fruits de la Passion
4 jaunes d'œufs
1,5 œuf
55 g de sucre semoule
2 feuilles de gélatine
100 g de beurre

La ganache vanille montée :

10 cl de crème fleurette
75 g de chocolat blanc
1,5 feuille de gélatine
22 cl de crème fleurette froide
1 gousse de vanille de Madagascar

Le glaçage vanille :

3 cl d'eau
60 g de sucre semoule
60 g de sirop de glucose
30 g de lait concentré
1,5 feuille de gélatine
60 g de chocolat blanc
2 gousses de vanille de Madagascar

L'insert mangue-coriandre :

50 g de purée de mangues
50 g de purée de fruits de la Passion
2 g d'agar-agar
5 g de feuilles de coriandre

La finition :

50 g de chocolat blanc décor
1 barquette de pousses de coriandre

RÉALISATION DE LA PÂTE À FINANCIER

• La veille, faire chauffer le beurre jusqu'à ce qu'il prenne une couleur châtain clair et dégage une bonne odeur de noisette. Mélanger toutes les poudres ensemble dans un cul-de-poule, ajouter le blanc d'œuf puis le beurre noisette tiède. Mélanger intimement, filmer et réserver au frais pendant 24 heures.

INFUSION DE VANILLE

• La veille, fendre la gousse de vanille en deux, gratter les graines avec la pointe d'un couteau et laisser infuser la gousse et les graines durant une nuit dans la crème.

CUISSON DU BISCUIT FINANCIER

• Préchauffer le four à 170 °C.

• Graisser légèrement un cercle de 14 cm de diamètre, le poser sur une plaque également graissée et verser l'appareil à financier. Enfourner et faire cuire pendant 15 minutes. Laisser refroidir hors du four, puis quand le financier est froid, le couper à 1 cm de hauteur.

RÉALISATION DE LA GARNITURE MANGUE-PASSION

• Réunir les purées de mangues et de fruits de la Passion dans une petite casserole et faire chauffer à 40 °C. Verser l'agar-agar en pluie et porter à ébullition. Laisser refroidir, mixer et ajouter les dés de mangue et la pulpe de fruit de la Passion. Réserver au frais.

CONFECTION DU CRÉMEUX EXOTIQUE

• Mettre la gélatine à ramollir dans un bol d'eau froide.

• Réunir les purées de mangues, de coco et de fruits de la Passion dans un cul-de-poule, ajouter l'œuf, les jaunes ainsi que le sucre, et faire cuire à 85 °C au bain-marie. Incorporer la gélatine essorée, puis quand le mélange atteint 45 °C ajouter le beurre. Mixer pour homogénéiser le crémeux, filmer et réserver. Lisser au fouet avant utilisation.

CONFECTION DE LA GANACHE VANILLE

• Porter à ébullition la crème infusée (sans la gousse), ajouter la gélatine préalablement ramollie et essorée, mélanger. Verser dans un cul-de-poule sur le chocolat blanc concassé, mélanger et ajouter la crème froide. Mélanger intimement, filmer et réserver au frais.

RÉALISATION DU GLAÇAGE À LA VANILLE

• Réunir l'eau, les gousses de vanille fendues et grattées, le sucre et le sirop de glucose dans une casserole et faire chauffer à 102 °C. Ajouter le lait concentré et la gélatine essorée. Mélanger, puis verser en 3 fois sur le chocolat blanc concassé. Mixer le tout, filmer et réserver au froid.

CONFECTION DE L'INSERT MANGUE-CORIANDRE

• Faire chauffer les purées de mangues et de fruits de la Passion à 40 °C, verser l'agar-agar en pluie et porter à ébullition. Laisser totalement refroidir, puis ajouter les feuilles de coriandre préalablement blanchies et mixer.

MONTAGE ET FINITION

• Dans un cul-de-poule posé sur un bain-marie, faire fondre le chocolat blanc décor en remuant, jusqu'à ce qu'il atteigne 45 °C. Continuer de remuer hors du feu, jusqu'à ce que la température descende à 26 °C (voir courbe de tempérage page 48). Puis à l'aide d'une spatule, étaler une fine couche de chocolat tempéré sur une feuille de rhodoïd de 4 cm de largeur et 35 cm de longueur. Attendre que le chocolat fige et enrouler cette bande autour d'un cercle de 14 cm de diamètre.

• Dans un cercle de 14 cm de diamètre sur 4 cm de hauteur, étaler un fond de crémeux exotique préalablement lissé et chemiser aussi les parois du cercle. Laisser durcir pendant 30 minutes environ au congélateur. Ajouter l'insert mangue-coriandre aux trois quarts du cercle et réserver au congélateur pendant 30 minutes environ. Terminer par une fine couche de crémeux et le biscuit financier.

• Monter la ganache vanille. En couler 300 g dans un moule de 16 cm de diamètre, et mettre le reste dans une poche à douille de 12 mm. Lisser les bords du moule, puis ajouter l'insert réservé au congélateur de telle sorte que le biscuit se retrouve en haut. Lisser et réserver au congélateur.

• Faire chauffer le glaçage vanille à 40 °C, en napper l'entremets à l'aide d'une spatule et réserver pendant 30 minutes environ au congélateur.

• Entourer l'entremets de la bande de chocolat blanc. Pocher des boules de ganache montée sur le dessus, creuser une empreinte dans la moitié des boules avec une cuillère parisienne et les remplir de garniture mangue-Passion. Creuser de même les autres boules de ganache et les remplir d'insert mangue-coriandre. Décorer de pousses de coriandre.

TARTE FINE AUX POMMES

Pour 8 personnes

Le feuilletage inversé au sarrasin :
160 g de beurre
70 g de farine
La détrempe :
6 cl d'eau
1 goutte de vinaigre
8 g de fleur de sel
50 g de beurre
120 g de farine
40 g de farine de sarrasin
Œuf battu pour la dorure

Les pommes au sirop muscovado :
8 pommes belchard
30 cl d'eau
150 g de muscovado
50 g de beurre
3 g de cannelle en poudre

PRÉPARATION DE LA DÉTREMPE

• La veille, mélanger intimement le beurre et la farine, étaler entre 2 feuilles de papier sulfurisé en un rectangle de 2 cm de hauteur et réserver au réfrigérateur jusqu'à utilisation.

• Réaliser également la détrempe la veille. Dans la cuve d'un batteur muni du crochet, réunir tous les éléments (sauf le sucre glace) dans l'ordre donné, puis pétrir jusqu'à l'obtention d'une boule. Former un carré et réserver au réfrigérateur pendant 24 heures.

RÉALISATION DU SIROP MUSCOVADO

• Le jour même, porter à ébullition l'eau et le sucre muscovado, puis ajouter le beurre et la cannelle. Laisser infuser pendant 1 heure.

RÉALISATION DU FEUILLETAGE INVERSÉ AU SARRASIN

• Étaler le rectangle de beurre-farine en un carré plus grand que la détrempe, afin de pouvoir y mettre celle-ci. Fermer comme une enveloppe et donner un tour simple en portefeuille. Réaliser cette opération 5 fois en laissant reposer pendant 30 minutes au frais entre chaque tour.

MONTAGE ET FINITION

• Préchauffer le four à 170 °C.

• Étaler la pâte sur environ 3 mm d'épaisseur et la façonner en forme de disque. Déposer sur une plaque garnie de papier sulfurisé et la précuire pendant 10 minutes. Éplucher les pommes, les couper en fines lamelles. Disposer régulièrement les lamelles de pomme sur la pâte.

• Enfourner et faire cuire pendant 45 minutes. Badigeonner la tarte de sirop toutes les 8 minutes. Sortir du four et laisser refroidir.

TARTE AUX POIRES ET AMANDES

Pour 8 personnes

La pâte sucrée :

60 g de beurre
38 g de sucre glace
12 g de poudre d'amandes
½ cuil. à moka de fleur de sel
½ œuf
100 g de farine T55

La crème d'amandes :

53 g de beurre
53 g de sucre glace
53 g de poudre d'amandes
5 g de poudre à crème
½ œuf
10 g de rhum

Le sirop à la poire :

1 l d'eau
300 g de sucre semoule
15 cl de jus de citron jaune

Les poires au sirop :

8 poires comice

Le décor :

40 g d'amandes effilées
10 g de sucre déco Codineige®

RÉALISATION DES POIRES AU SIROP

• La veille, porter à ébullition l'eau et le sucre, ajouter le jus de citron, laisser infuser pendant 1 heure au frais. Éplucher les poires, les couper en huit et les ajouter dans le sirop. Laisser au frais pendant 24 heures.

RÉALISATION DE LA PÂTE SUCRÉE

• Dans la cuve d'un batteur muni de la feuille, mélanger le beurre et le sucre glace tamisé jusqu'à l'obtention d'une crème. Ajouter la poudre d'amandes et la fleur de sel, puis l'œuf. Incorporer la farine.

• Étaler la pâte sucrée sur 3 mm d'épaisseur, puis la couper en un rectangle de 65 cm de longueur et 19 cm de largeur. En foncer un moule rectangulaire de 55 cm de longueur et 11,5 cm de largeur. Réserver au réfrigérateur pendant 1 heure.

CONFECTION DE LA CRÈME D'AMANDES

• Mettre le beurre et le sucre glace tamisé dans la cuve du batteur muni de la feuille. Fouetter jusqu'à l'obtention d'une pommade. Ajouter progressivement la poudre d'amandes et la poudre à crème, puis l'œuf et enfin le rhum. Filmer et réserver à température ambiante.

MONTAGE ET FINITION

• Préchauffer le four à 170 °C.

• Couvrir le fond de tarte de billes de cuisson en céramique. Enfourner et faire cuire pendant 20 minutes.

• Étaler dessus la crème d'amandes, disposer harmonieusement les poires, ajouter les amandes effilées et enfourner à nouveau. Laisser cuire pendant 18 minutes. Une fois la tarte réalisée, la saupoudrer de Codineige® à l'aide d'une passette.

TARTE À LA RHUBARBE, AUX FRAMBOISES ET À LA FLEUR D'ORANGER

Pour 8 personnes

Le sirop à la fleur d'oranger :

10 cl d'eau

50 g de sucre semoule

2 cl d'eau de fleur d'oranger

Le jus de fraises :

200 g de fraises

20 g de sucre glace

La rhubarbe :

300 g de rhubarbe

150 g de sirop de fleur d'oranger

7,5 cl de jus de fraises

La compotée de rhubarbe :

300 g de rhubarbe

30 g de sucre glace

3 cl d'eau de fleur d'oranger

La pâte sucrée :

60 g de beurre

38 g de sucre glace

12 g de poudre d'amandes

½ cuil. à moka de fleur de sel

½ œuf

100 g de farine T55

La crème d'amandes :

53 g de beurre

53 g de sucre glace

53 g de poudre d'amandes

5 g de poudre à crème

½ œuf

1 cl de rhum

Les framboises :

150 g de framboises

Le décor :

40 g d'amandes effilées

10 g de sucre déco Codineige®

RÉALISATION DU SIROP À LA FLEUR D'ORANGER

• La veille, porter à ébullition l'eau et le sucre, laisser refroidir avant d'ajouter la fleur d'oranger et réserver pendant 12 heures au réfrigérateur.

CONFECTION DU JUS DE FRAISES

• La veille, préparer une casserole d'eau frémissante (60 °C maximum) pour le bain-marie. Réunir les fraises avec le sucre dans un cul-de-poule, poser l'ensemble sur le bain-marie et laisser cuire pendant 2 heures. Passer cette compotée de fraises au chinois et peser 7,5 cl de jus pour la rhubarbe.

PRÉPARATION DE LA RHUBARBE

• La veille, éplucher les tiges de rhubarbe et les tailler en lamelles de 0,5 cm. Les réunir dans un cul-de-poule avec le sirop de fleur d'oranger et le jus de fraises. Réserver pendant 24 heures au frais. Égoutter avant utilisation.

RÉALISATION DE LA PÂTE SUCRÉE

• Dans la cuve d'un batteur muni de la feuille, mélanger le beurre et le sucre glace tamisé jusqu'à l'obtention d'une pommade. Ajouter la poudre d'amandes et la fleur de sel, puis l'œuf. Incorporer la farine tamisée.

Former une boule puis l'étaler sur 3 mm d'épaisseur en un rectangle de 65 cm de longueur et 19 cm de largeur. Foncer un moule rectangulaire de 55 cm de longueur et 11,5 cm de largeur de cette pâte sucrée, filmer et réserver au réfrigérateur pendant 1 heure.

CONFECTION DE LA CRÈME D'AMANDES

• Mettre le beurre et le sucre glace tamisé dans la cuve du batteur muni de la feuille. Fouetter jusqu'à l'obtention d'une pommade. Ajouter progressivement la poudre d'amandes et la poudre à crème, puis l'œuf et enfin le rhum. Filmer et réserver à température ambiante.

RÉALISATION DE LA COMPOTÉE DE RHUBARBE

• Éplucher les tiges de rhubarbe, les couper en lamelles et les faire cuire avec le sucre glace à feu doux pendant 30 minutes. Égoutter, puis quand la rhubarbe est froide, ajouter la fleur d'oranger.

MONTAGE ET FINITION

• Préchauffer le four à 170 °C.

• Couvrir le fond de tarte de billes de cuisson en céramique, enfourner et faire cuire à blanc pendant 20 minutes.

• Napper le feuilleté d'une fine couche de crème d'amandes (30 g), ajouter 100 g de compotée de rhubarbe puis 100 g de crème d'amandes. Recouvrir l'ensemble de lamelles de rhubarbe égouttées et de framboises coupées en deux, et ajouter les amandes effilées. Enfourner de nouveau et faire cuire pendant 18 minutes à 170 °C. Sortir la tarte du four et la laisser refroidir sur une grille. Puis saupoudrer la surface de Codineige® à l'aide d'une passette.

FRAISIER

Pour 8 personnes

La génoise :

5 œufs

150 g de sucre semoule

130 g de farine

20 g de fécule de pomme de terre

La garniture fraise :

200 g de purée de fraises

4 g d'agar-agar

200 g de fraises

Le sirop d'imbibage :

20 cl d'eau

80 g de sucre semoule

La crème mousseline :

20 cl de lait entier

1 gousse de vanille de Madagascar

60 g de sucre semoule

2 jaunes d'œufs

½ œuf

75 g de beurre

16 g de poudre à crème

75 g de beurre ramolli

La finition :

500 g de fraises

Ma technique

La particularité de mon fraisier ? Il est incroyablement riche en… fraises ! On le monte la veille afin que les fruits et la crème ne fassent plus qu'un. Aucune décoration à prévoir, le gâteau est ici son propre décor. Autant le savoir, toutefois : il est aussi très fastidieux à monter. Prévoyez du temps. Vos efforts seront récompensés : ce travail, minutieux, est aussi très ludique, la relation entre le pâtissier et le gâteau se fait ici très intime.

INFUSION DE VANILLE

• La veille, fendre la gousse de vanille en deux, gratter les graines avec la pointe d'un couteau et laisser infuser la gousse et les graines durant une nuit dans le lait.

RÉALISATION DE LA GÉNOISE

• Préparer une casserole d'eau frémissante pour le bain-marie. Réunir dans un cul-de-poule les œufs et le sucre, poser l'ensemble sur le bain-marie et faire cuire à 45 °C en fouettant jusqu'à ce que le mélange blanchisse et triple de volume. Retirer le cul-de-poule du bain-marie et fouetter au batteur jusqu'à complet refroidissement. Puis à l'aide d'une spatule, incorporer progressivement et délicatement la farine et la fécule tamisées.

• Préchauffer le four à 180 °C.

• Étaler la pâte sur une plaque à pâtisserie tapissée de papier cuisson, enfourner et faire cuire pendant 15 minutes. Sortir le biscuit et le laisser refroidir sur une grille avant de le couper en 2 disques de 12 cm de diamètre.

CONFECTION DE LA GARNITURE FRAISE

• Faire chauffer la purée de fraises à 40 °C, verser l'agar-agar en pluie et porter à ébullition. Laisser totalement refroidir avant de mixer. Ajouter les fraises coupées en morceaux, mélanger et réserver jusqu'à utilisation.

RÉALISATION DU SIROP D'IMBIBAGE

• Porter à ébullition l'eau et le sucre, filtrer le sirop et laisser refroidir. À l'aide d'un pinceau, imbibez les fonds de génoise.

RÉALISATION DE LA CRÈME MOUSSELINE

• Dans un cul-de-poule, mélanger les jaunes d'œufs, l'œuf, le sucre et la poudre à crème.

• Porter le lait à ébullition avec la vanille dans une petite casserole, passer au chinois et verser sur le mélange aux œufs. Remettre dans la casserole et faire bouillir le tout pendant 1 minute. Ajouter 75 g de beurre coupé en morceaux et mélanger jusqu'à ce qu'il soit complètement fondu. Filmer au contact et réserver au réfrigérateur jusqu'à utilisation.

MONTAGE ET FINITION

• Mélanger au batteur la crème et le beurre ramolli.

• Sur une feuille de rhodoïd, poser un cercle Inox de 14 cm de diamètre. Tapisser le fond et les parois du cercle de fraises coupées en rondelles. Ajouter par-dessus de la crème mousseline de façon à recouvrir toutes les rondelles de fraise. Déposer au fond du cercle un biscuit de génoise, ajouter la garniture fraise aux trois quarts de la hauteur du cercle, recouvrir de crème mousseline et terminer par le second fond de génoise. Filmer et réserver au frais pendant 24 heures. Retourner le fraisier et retirer le cercle Inox pour servir.

TARTE AUX FRAISES ET VERVEINE

Pour 8 personnes

La pâte sucrée :

60 g de beurre

38 g de sucre glace

12 g de poudre d'amandes

½ cuil. à moka de fleur de sel

½ œuf

100 g de farine T55

La crème d'amandes :

53 g de beurre

53 g de sucre glace

53 g de poudre d'amandes

5 g de poudre à crème

½ œuf

10 g de rhum

Le crémeux de verveine :

12 cl de lait entier

12 cl de crème fleurette

4 petits jaunes d'œufs

30 g de sucre semoule

3 feuilles de gélatine

10 g de feuilles de verveine

La finition :

500 g de fraises

10 fraises des bois coupées en deux

1 barquette de pousses de verveine

INFUSION DE VERVEINE

• La veille, faire chauffer le lait et la moitié de la crème avec les feuilles de verveine. Ajouter la crème restante, mélanger et laisser infuser pendant 24 heures au réfrigérateur.

RÉALISATION DU FOND DE TARTE

• Le jour même, dans la cuve d'un batteur muni de la feuille, mélanger le beurre et le sucre glace tamisé jusqu'à l'obtention d'une crème. Ajouter la poudre d'amandes et la fleur de sel, puis l'œuf. Incorporer la farine. Former une boule de pâte, filmer et réserver pendant 1 heure au réfrigérateur.

• Préchauffer le four à 170 °C.

• Étaler la pâte sur 2,5 mm d'épaisseur. En foncer un moule carré de 16 cm de côté et couvrir de billes de cuisson en céramique. Enfourner et faire cuire à blanc pendant 15 minutes.

CONFECTION DE LA CRÈME D'AMANDES

• Mettre le beurre et le sucre glace tamisé dans la cuve du batteur muni de la feuille. Fouetter jusqu'à l'obtention d'une pommade. Ajouter progressivement la poudre d'amandes et la poudre à crème, puis l'œuf et enfin le rhum. Filmer et réserver à température ambiante.

RÉALISATION DU CRÉMEUX DE VERVEINE

• Faire chauffer la crème infusée puis la mixer. Passer cette crème à la verveine au chinois. Mettre la gélatine à ramollir dans un bol d'eau froide.

• Dans un cul-de-poule, fouetter les jaunes d'œufs et le sucre jusqu'à ce que le mélange blanchisse. Verser dessus la crème à la verveine, mélanger et porter à ébullition. Arrêter la cuisson au premier bouillon. Incorporer la gélatine essorée et mélanger jusqu'à ce qu'elle soit complètement fondue. Mixer pour homogénéiser le crémeux, filmer au contact et réserver au frais. Lisser au fouet avant utilisation.

MONTAGE ET FINITION

• Préchauffer le four à 170 °C.

• Étaler une fine couche de crème d'amandes sur le fond de tarte, enfourner et faire cuire pendant 8 minutes. Laisser complètement refroidir.

• Garnir à hauteur de crémeux de verveine, disposer harmonieusement dessus les fraises coupées en quatre et les fraises des bois coupées en deux (voir astuce illustrée ci-dessous). Décorer de pousses de verveine.

LE DRESSAGE DE LA TARTE

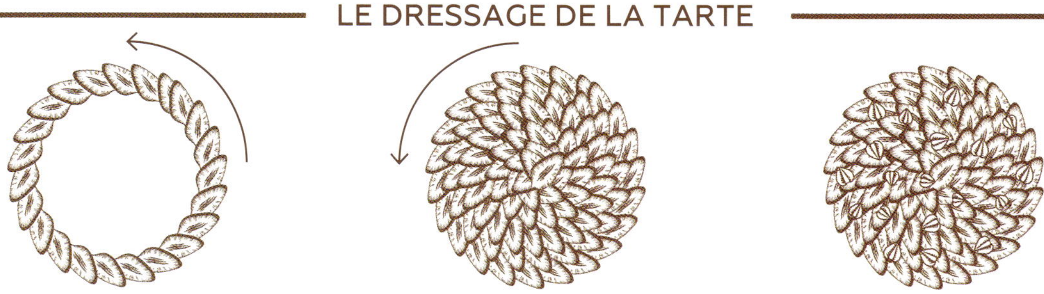

- 1 -
Disposer un premier rang de fraises sur le pourtour de la tarte.

- 2 -
Garnir l'intérieur en tournant toujours dans le même sens.

- 3 -
Disposer les fraises des bois et les pousses de verveine.

INDEX

Baba pêche et amandes 109
Babas au rhum et riz au lait 79
Babas aux fraises du jardin 75
Babas mirabelles et noisettes 72
Bostocks à la fleur de sureau 36
Brioche au mètre 26
Brioche toastée vanille-kumquats 103
Caraïbes 197
Chaussons pommes-rhubarbe 28
Cheese-cakes abricots-coriandre 81
Chouquettes à la fleur d'oranger 34
Citronnade verveine 136
Clafoutis à la pêche 84
Cookies chocolat-pécan et praliné sésame 162
Croissants et pains au chocolat 24
Eclairs au chocolat et à la fève tonka 60
Eclairs marron-cassis 68
Eclairs mokanis 64
Ecrin Irish coffee 106
Entremets mangue-vanille 200
Far breton de ma grand-mère 168
Feuilleté saumon-shiso 132
Figuier 180
Financiers à la fleur de sel 152
Flan à la vanille 44
Fraisier 211
Galettes Traou Mad au blé noir 167
Gâteau breton 172
Gâteau caramel-amandes 143
Gâteau citron vert et menthe 150
Gâteau framboises-estragon 148
Gâteau marbré chocolat-vanille 146
Granola au fromage blanc 32
Îles flottantes 50
Jus ananas-gingembre-coriandre 140
Jus détox concombre-citron vert-shiso 136
Kouglofs à la fleur d'oranger 30
Kouign-amann au blé noir 21
Madeleines à la pistache 158
Madeleines au citron bio 154
Madeleines aux noisettes 155
Maracuja 119
Meringue vaporeuses marron-cassis 99
Merveilles pistaches-cerises 93
Merveilles praliné-noisettes 57
Millefeuille au blé noir et à la vanille de Madagascar 122
Moelleux au chocolat et à la fleur de sel 164
Mon goûter parfait 170
Mont-Blanc 42
Mousse au chocolat 48
Pain 125
Panna cotta figue et shiso 52
Paris-Brest 186
Pavlova aux fruits rouges 112
Quiche chèvre frais et légumes bio 134
Riz au lait banoffee 46
Roulés à l'olive noire du Péloponnèse 129
Roulés et viennoiserie au mètre 19
Sablés chocolat-caramel 159
Saint-Honoré chocolat-praliné-grué 86
Saint-Honoré framboises-menthe 190
Sandwich au poulet 128
Sandwich végétarien 126
Scones aux fraises confites 38
Tarte à la rhubarbe, aux framboises et à la fleur d'oranger 208
Tarte au citron vert 194
Tarte aux agrumes 178
Tarte aux figues, noix et shiso 183
Tarte aux fraises et verveine 214
Tarte aux poires et amandes 206
Tarte fine aux pommes 204
Tarte marron-mandarine 175
Tartelettes fraises des bois 96
Tartelettes framboise-menthe 90
Tiramisu 54
Vacherin pomme verte-shiso 115

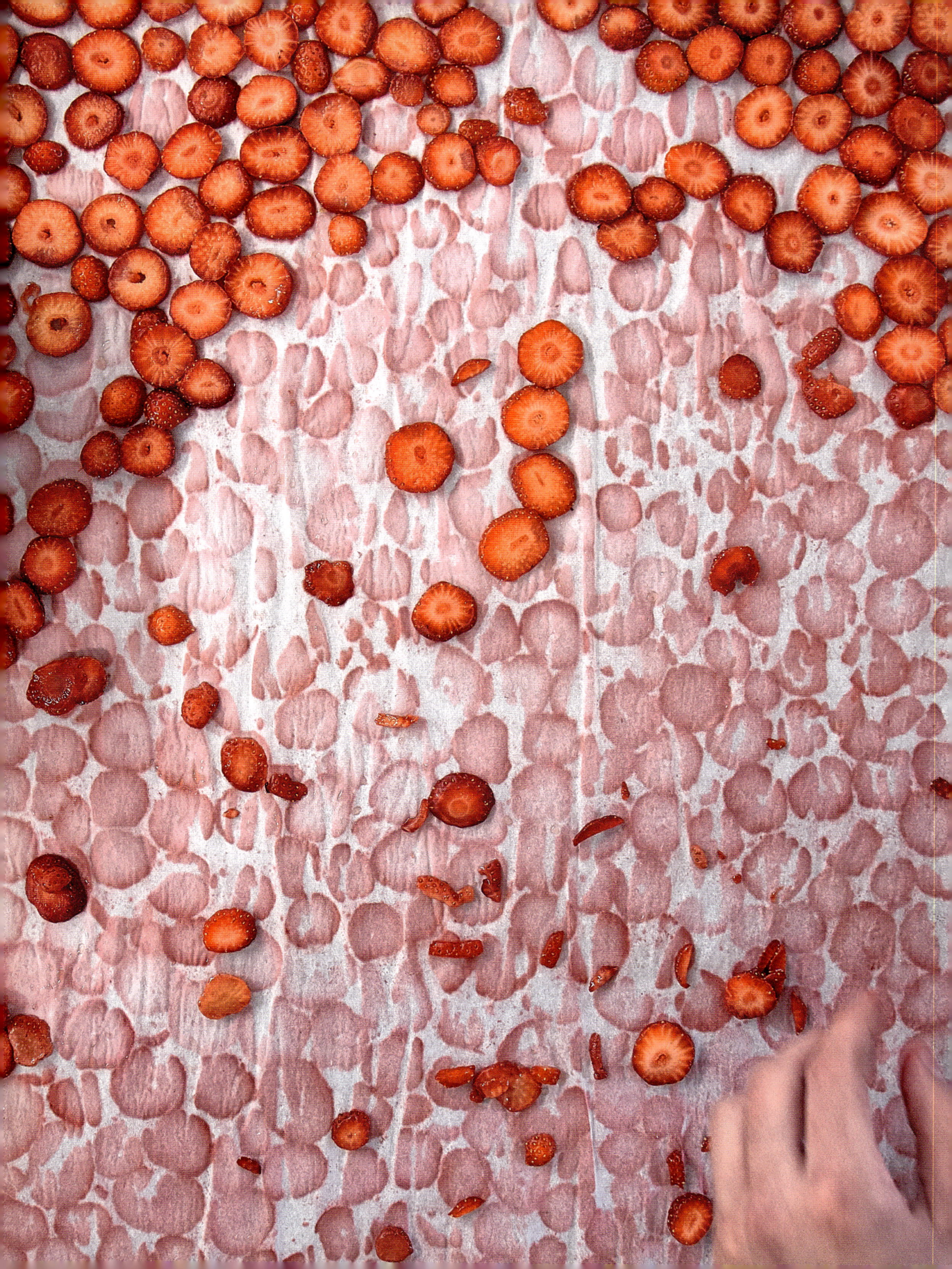

TABLE DES RECETTES

8 HEURES - L'HEURE DU RÉVEIL

Roulés et viennoiserie au mètre ... 19
Kouign-amann au blé noir ... 21
Croissants et pains au chocolat ... 24
Brioche au mètre ... 26
Chaussons pommes-rhubarbe ... 28
Kouglofs à la fleur d'oranger ... 30
Granola au fromage blanc ... 32
Chouquettes à la fleur d'oranger ... 34
Bostocks à la fleur de sureau ... 36
Scones aux fraises confites ... 38

10 HEURES - LES DESSERTS FACILES

Mont-Blanc ... 42
Flan à la vanille ... 44
Riz au lait banoffee ... 46
Mousse au chocolat ... 48
Îles flottantes ... 50
Panna cotta figue et shiso ... 52
Tiramisu ... 54

11 HEURES - L'APPARITION DES GÂTEAUX

Merveilles praliné-noisettes ... 57
Éclairs au chocolat et à la fève tonka ... 60
Éclairs mokanis ... 64
Éclairs marron-cassis ... 68
Babas mirabelles et noisettes ... 72
Babas aux fraises du jardin ... 75
Babas au rhum et riz au lait ... 79
Cheese-cakes abricots-coriandre ... 81
Clafoutis à la pêche ... 84
Saint-honoré chocolat-praliné-grué ... 86
Tartelettes framboise-menthe ... 90
Merveilles pistaches-cerises ... 93
Tartelettes fraises des bois ... 96

12 HEURES - LES FUGUES PÂTISSIÈRES

Meringue vaporeuses marron-cassis ... 99
Brioche toastée vanille-kumquats ... 103
Ecrin Irish coffee ... 106
Baba pêche et amandes ... 109
Pavlova aux fruits rouges ... 112
Vacherin pomme verte-shiso ... 115
Maracuja ... 119
Millefeuille au blé noir et à la vanille de Madagascar ... 122

12 H 30 – LA PARENTHÈSE SALÉE

Pain ... 125
Sandwich végétarien ... 126
Sandwich au poulet ... 128
Roulés à l'olive noire du Péloponnèse ... 129
Feuilleté saumon-shiso ... 132
Quiche chèvre frais et légumes bio ... 134
Citronnade verveine ... 136
Jus détox concombre-citron vert-shiso ... 136
Jus ananas-gingembre-coriandre ... 140

16 H 30 - L'HEURE DU GOÛTER : LES GÂTEAUX DE VOYAGE

Gâteau caramel-amandes ... 143
Gâteau marbré chocolat-vanille ... 146
Gâteau framboises-estragon ... 148
Gâteau citron vert et menthe ... 150
Financiers à la fleur de sel ... 152
Madeleines au citron bio ... 154
Madeleines aux noisettes ... 155
Madeleines à la pistache ... 158
Sablés chocolat-caramel ... 159
Cookies chocolat-pécan et praliné sésame ... 162
Moelleux au chocolat et à la fleur de sel ... 164
Galettes Traou Mad au blé noir ... 167
Far breton de ma grand-mère ... 168
Mon goûter parfait ... 170
Gâteau breton ... 172
Tarte marron-mandarine ... 175

18 HEURES - LES DESSERTS À PARTAGER

Tarte aux agrumes 178
Figuier 180
Tarte aux figues, noix et shiso 183
Paris-Brest 186
Saint-Honoré framboises-menthe 190
Tarte au citron vert 194
Caraïbes 197
Entremets mangue-vanille 200
Tarte fine aux pommes 204
Tarte aux poires et amandes 206
Tarte à la rhubarbe, aux framboises et à la fleur d'oranger 208
Fraisier 211
Tarte aux fraises et verveine 214

REMERCIEMENTS

Mes parents, Annie et Joël Couvreur

Dominique Ansel
Abou Baldé
Catherine Berard
Anaïs Blutel
Nicolas Buisson
Charlotte Collet
François Couhadon
Benjamin De Closets
Paul Delalande
Florent Donard
Laurent Fau
Mathilde Fouquay
Sylvie Gauthier
Cindy et Benjamin Guedj
Laura Guigui
Gerard Haouzi
Pierre Hermé
Chloé et Lyor Journo
Serge Lederman
Matthieu Lobry
Mallorie Maurin
Pierre Mode
Charly Nahmani
Annouchka Nivert
Lara Sperandeo
Fanny Soulères Le Goff
Charlotte Toulouse
Thomas Vilatte
Florian Voirin
Sarah Vasseghi
Jordan Zeitoun

et Pounette, la renarde.

Toutes les photos ont été réalisées par Laurent Fau,
assisté par Sarah Vasseghi pour le stylisme des plats,
à l'exception des photos de Yann Couvreur et de la renarde Pounette,
pages 8 et 222, réalisées par Nicolas Boisson.

Directeur éditorial : Didier Férat
Édition : Marjorie Goussu
Interview : Aurélie Blondel
Relecture : Sylvie Gauthier
Correction : Isabelle Raimond
Conception couverture et astuces illustrées : Studio Point par Point
Création graphique et mise en page : Stéphanie Aparicio et Julia Philipps
Fabrication : Laurence Duboscq

Solar | un département place des éditeurs

ISBN : 978-2-263 -15237-5
Code éditeur : S15237/02
Dépôt légal : novembre 2017
Imprimé en Chine par Toppan.